팬 베이스

Original Japanese title: FAN BASE
By Naoyuki Sato
Copyright © Naoyuki Sato 2018
Japanese edition published by Chikumashobo Ltd.
Korean translation rights arranged with Chikumashobo Ltd.
through The English Agency(Japan) Ltd. And Duran Kim Agency

·FAN BASE·

지지받고, 사랑받고, 꾸준히 응원받는 회사를 만드는 방법

팬 베이스

사토 나오유키 지음 | 김현정 옮김

한스미디어

"인내심이 있어야 해.
처음에는 내게서 조금 떨어진 이 풀밭에 앉아 있어.
그러면 나는 너를 곁눈질로 가끔씩 쳐다볼 거야.
너는 아무 말도 하면 안 돼. 말은 오해의 근원이지.
그리고 넌 날마다 조금씩 더 가까이 앉으면 돼……."
-『어린왕자』중에서

팬이 있는 기업과 팬이 없는 기업

제자리걸음인 매출, 불안정한 매출, 최근 들어 저조한 매출……

혹시 이러한 문제로 골머리를 앓고 있나요? 그렇다면 저는 '팬 베이스' 전략을 도입하거나 강화하는 것을 심각하게 고려해볼 것을 말씀드립니다. '팬 베이스'란 팬을 중시하는 기조를 베이스(토대, 지지 모체 등의 의미)로 삼아 중장기적으로 매출과 가치를 끌어올린다는 개념입니다.

'팬Fan'이라고 하면, 아이돌을 향해 환호성을 지르거나 축구 경기를 볼 때 어깨동무를 하고 소리를 지르며 응원하는 사람을 떠올릴지도 모릅니다. 물론 기업이나 브랜드, 상품을 보면서 그렇게 소리 내어 환호성을 지르는 사람은 거의 없습니다. 있다면 좀 무서울 것 같네요.

좀 더 정적인 이미지를 떠올려 볼까요? 평소에 감정 표현은 크지 않지만 어딘가에 열정적인 사람들이 있죠. 차분하지만 에너지가 넘치는 사람들 말입니다.

당신도 주변을 둘러보면 몇 가지가 떠오를 겁니다. 생활용품이든 식료품이든 패션이든 스포츠용품이든 애플리케이션(이하 앱)이든 상관없습니다. 넘쳐나는 브랜드와 상품들 가운데 유독 끌리고, 애용하게 되며, 자꾸만 친구에게 추천하게 되는 그런 브랜드와 상품이 있을 거예요. 그게 바로 '지지'입니다. 우리는 브랜드와 상품이 제공하는 가치를 지지하기 때문에 구매하는 셈입니다.

팬 = 지지자

그런 의미에서 팬은 지지자라고 생각합니다. 이 책에서 저는 팬이란 "기업이나 브랜드, 상품이 중시하는 '가치'를 지지하는 사람"으로 정의하려 합니다.

지지하는 가치는 다양합니다. '이런 기능을 원했어!'라든가 '이 회사 제품은 정말 나한테 딱 맞아!'라고 말할 수 있죠. 혹은 '다른 브랜드보다 디자인이 월등히 예쁘다!'라든가 '우와~ 짱인데? 이거 완전히 내 취향이야!'라고 말할 수도 있겠습니다. 그 기업의 경영철학이나 사회공헌 활동을 열렬히 지지하는 경우도 있고, 창업자를 좋아해서 계속 그 기업의 활동을 지지하는 경우도 있을 것입니다.

이렇듯 기업이나 브랜드, 상품이 중시하는 가치에 감동받은 사람, 그 가치에 설레고 기뻐하는 사람, 그 가치를 지지하여 친구에게 추천하는 사람…… 이들 모두가 다 '팬'입니다. 물론 '왠지 모르지만 끌린다'든가 '나한테 뭔가 맞는 것 같다'는 등 무의식적이고 감상적인 지지라 하더라도 상관없습니다. 이는 모두 '중시하는 가치'에 공감하여 느끼게 되는 감각이기 때문이에요. 팬 베이스 전략에선 그러한 '지지자'를 중요하게 생각합니다.

잡은 고기에 먹이를 왜 주냐고요?

'아니, 그런 지지자(=팬)가 중요하다는 것은 나도 압니다. 당연한 것 아닌가요?'라고 생각하는 사람도 있을지 모릅니다. 예전부터 '고객 제일주의'라는 말이 있었으니까 말이에요. 하지만 그렇게 말하면서 마음속으로는 이런 의문을 품는 사람도 많을 겁니다.

"그런데 팬이란 건 가만히 있어도 사주는 사람들 아닌가? 그것보다는 '현재 우리 제품을 쓰지 않는 신규고객'에게 팔아야 매출이 늘 텐데. 귀중한 예산을 들여서까지 팬들에게 다가간다는 건 조금 비효율적일 것 같아."

"팬이라고 하지만 그런 사람이 실제로 있는지 없는지 알 수도 없고, 만약 있다고 하더라도 그 비율이 얼마 되지도 않을 텐데? 그런 소수의 사람들을 챙겨봤자 전년도에 비해 크게 달라지지도 않을 거야. 실적에 반영되려면 시간도 엄청 걸릴 것 같고."

"뭐? 애초에 팬이란 건 고객센터 같은 고객 담당 부서의 소관 아닌가? 마케팅 업무는 신규고객을 늘리는 거잖아?"

이러한 의문이 드는 것도 충분히 이해됩니다. 저도 광고커뮤니케이션 업계에서 30년 이상 종사하면서 신규고객 확보를 위한 계획을 수도 없이 추진했었고, 오랫동안 파이가 큰 대상만을 의식하며 일해왔거든요. 팬의 존재는 눈에 들어오지도 않았고, 그건 다른 부서가 담당하는 업무라고 생각했습니다. 매스광고가 한창 유행할 때는 물론이고, 인터넷 시대에 접어든 후에도 그런 접근법이 통했습니다. 실제로 매출도 향상되었고 실적에도 금세 반영되었죠.

하지만 지금은 상황이 완전히 바꿨습니다. 시대적으로도, 사회적으로도 신규고객 확보를 위한 접근법만으로는 매출을 늘리기가 어려워졌기 때문입니다. 그래서 이에 대한 해결법으로 팬 베이스라는 개념이 등장했고, 이제는 이것을 당장 실행에 옮겨야만 하는 상황에 놓였습니다.

저는 이 책에서 상황이 왜 바뀌었는지, 어떻게 바뀌었는지, 구체적인 시책에는 어떤 것이 있는지, 기존의 캠페인 등과 어떤 식으로 병행하면 좋을지에 대하여 기본적인 개념과 접근 방법을 소개하려 합니다.

신규고객 확보는 너무나 어렵다

팬 베이스 전략의 대상은 제조업체와 서비스업체에 근무하는 사람들에게 국한되는 건 아닙니다. 소매와 유통, 미디어, 콘텐츠, 인프라, 행정 등에 종사하는 사람은 물론이고, B2B Business to Business(기업 간 거래) 기업에서 일하는 사람에게도 팬 베이스 전략은 필요해질 겁니다. 이를 담당하는 광고 회사와 컨설팅 회사도 물론 예외가 아닙니다.

그리고 부문별로 봤을 때는, 사업 부문과 광고홍보 부문뿐 아니라, 사장 및 임원진, 매출에 직접적인 영향을 주지 않는 경영 및 관리 부문의 담당자에게도 팬 베이스 개념은 필요합니다. 나아가 기업 활동과 관계가 없는 커뮤니티 운영자, 동호회 운영자 등까지 포함하면 앞으로 팬 베이스라는 개념을 빼고는 마케팅을 논할 수 없을 것입니다.

성격이 급한 분들을 위해 미리 몇 가지 이유를 설명하자면, 우선 팬은 매출 안정에 직접적인 영향을 미치기 때문입니다.

소수의 팬이 매출의 대부분을 지탱하고 있음

**즉, 지금 있는 팬을 중시하여 그들의 라이프타임 밸류˚를
높이는 것은 수익 안정 및 성장과 직결됨**

이처럼 반복적으로 구매해주는 팬이야말로 사실 매출을 지탱해주는 대들보라 할 수 있습니다.

한편으론, 지금껏 매출에 긍정적 영향을 주던 '캠페인'의 실효성도 많이 옅어졌습니다. 캠페인이란 목적을 달성하기 위해 일정 기간 동안

˚ **라이프타임 밸류(LTV, Lifeteme Value)**란 고객생애가치를 말합니다. 고객 한 사람이 생애에 걸쳐 기업에 기여하는 총 가치를 의미하죠. 일반적으로는 '그 사람이 평생 동안 그 상품을 얼마나 반복적으로 구매했는가?'라는 의미로 이해하는데, 물론 고객이 중장기적으로 기여하는 가치는 고객이 사용한 금액에 국한되지 않습니다. 팬 베이스를 이해하는 데 매우 중요한 개념이므로, 앞으로 본문에서 자주 언급될 겁니다.

실시하는 광고 및 판촉활동을 말합니다. 몇 주간 실시하는 경품행사나 할인행사부터, 연예인을 기용해서 몇 개월 단위로 실시하는 대대적인 홍보까지 여러 가지가 있죠.

그동안 이를 반복적으로 실시하는 것이 매출을 늘리는 왕도라고 생각하는 기업이 많았습니다. 이 책에서는 몇 년 단위의 '중장기 시책'인 팬 베이스에 대비시켜, 이러한 캠페인을 '단기 시책'으로 분류하고 있습니다.

그런데 문제는, 지금 그 단기 캠페인 시책의 위력이 급속히 감소하고 있다는 겁니다. 왜 그럴까요? 이유를 생각해보면 다음과 같습니다.

- 우리 삶 속에서 정보, 상품, 엔터테인먼트가 넘쳐나는 상황이기 때문에, 캠페인이 제대로 전달되지 않음
- 그런 가혹한 상황에서 운 좋게 캠페인이 화제가 된다 해도, 일시적인 일회성 이벤트로 눈 깜짝할 새에 잊힘

광고·마케팅 담당자들의 한탄

일의 특성상, 광고 및 홍보 관계자들과 자주 만나게 되는데 대부분 이러한 골머리를 앓고 있었습니다. 캠페인 등의 단기 시책은 물론이고, 홍보 릴리스와 퍼블리시티, 화제성을 노린 콘텐츠, 디지털 스폿광고, 매장 이벤트 등 '단발성 시책'을 통해 화제를 모으기가 점점 힘들어지

고 있기 때문이죠. 죽기 살기로 매달려 화제를 모으는 데 성공한다고 해도, 몇 시간에서 며칠이면 사람들의 기억 속에서 금세 사라져버리거든요.

더욱이 요즘 일본에서는 신규고객에 대한 홍보를 목적으로 하는 시책이 점점 그 효력을 잃고 있습니다. 이유를 따져보면 이렇습니다.

- 급격한 인구 감소로 고객 수 자체가 물리적으로 줄어들고 있음. 인구 100만 명 정도인 지바 현縣과 센다이 시市가 매년 하나씩 없어지는 셈
- 게다가 초고령화와 저출산, 1인 가구 증가 등으로 신규고객 확보가 점점 요원해지는 상황임

그렇다고 해서, 단기·단발성 시책이 아예 쓸모가 없다는 말은 아닙니다. 여전히 상품의 존재를 널리 알려서 신규고객을 유치하는 것은 물론 중요하며, 끊임없이 노력해서 매출을 자극하는 것도 필요합니다.

제가 강조하고 싶은 것은, 팬에게 매출의 대부분을 의지하는 것을 베이스로 두고 단기·단발성 시책을 연계해 신규고객을 확보해나가는 '통합구축(단기·단발성 시책과 중장기 팬 베이스 시책의 조합)'을 고려하지 않으면 더 이상 살아남을 수 없을 만큼 힘든 시대가 되어버렸다는 의미입니다. 그것은 팬을 새로이 만들 수밖에 없는 신상품도 마찬가지입니다. 앞으로 다가올 시대에, 팬을 중시하는 '팬 베이스'라는 개념은 아마도 당신이 생각하는 것보다 훨씬 중요해질 것입니다.

애초에 기업은 무엇을 위해 브랜드와 상품을 개발하고 판매하는 것일까요?

물론 기업마다 표현은 다르겠지만, 창업자의 인사말이나 사훈, 기업 이념 등을 보면 대개 이러한 뉘앙스의 말이 적혀 있습니다.

"고객의 니즈에 응답하고, 고객을 만족시키는 것"

식음료 회사라면 매일 사람들이 느끼는 배고픔과 목마름을 시원하게 해소하여 만족을 주는 것일 테고, 생활용품이나 전자제품 회사라면 매일 사람들이 느끼는 불편함과 불만을 말끔히 해결해 만족을 주는 것일 테고, 패션이나 엔터테인먼트 관련 회사라면 매일 사람들이 느끼는 욕망과 지루함을 설렘으로 바꾸어 만족을 주는 것일 테지요.

개인과 직접적으로 거래하지 않는 B2B 기업이라 하더라도, 상대 기업의 다양한 과제를 해결해줌으로써 고객의 니즈를 간접적으로 해결하여 만족을 줄 수 있습니다. 다시 말해, 기업의 본업은 '고객 니즈 해결'과 '고객 만족 추구'입니다.

그리고 이를 성실히 실행에 옮기는 모든 기업 활동은 '사회공헌'의 성격을 가집니다. 사람들의 니즈를 해결하고 만족을 주는 것은 곧 모두가 함께 살아가는 사회의 '과제'를 해결하고 행복한 사회를 만드는 일이나 다름없습니다.

사회적 과제를 해결할 뿐 아니라, 브랜드와 상품이 오래도록 안정적으로 판매되면 지속적인 고용 창출도 가능해집니다. 그런 의미에서 상품을 오랫동안 안정적으로 판매한다는 것은 기업이 할 수 있는 '최대의 사회공헌'이라 생각합니다.

팬 베이스는 바로 그 '지속적이고 안정적인 판매'를 가능하게 만듭니다. 강심제처럼 단기 시책 등을 끊임없이 내놓아 일시적 호황 상태를 만들 것이 아니라, 브랜드와 상품이 오랫동안 안정적으로 판매되는 상태를 만들어야 합니다. 이때 꼭 필요한 방법이 바로 팬 베이스입니다.

전작인 『내일의 플래닝明日のプランニング』에서는 팬 베이스와 매스(대중) 베이스로 나누어 설명한 뒤 이를 조합하는 방법을 소개했었습니다. 그에 비해, 이 책은 시대적·사회적 요구가 커져가고 있는 팬 베이스를 집중적으로 다루면서 팬 베이스의 도입 및 강화, 실제 시책 등에 대하여 자세히 설명하고 있습니다.

다시 한 번 생각해보면, 우리에게 내가 사랑하는 상품의 가치를 지지해주는 '팬'을 기쁘게 하는 것 말고 즐거운 일이 또 있을까요? 그럼 지금부터 흥미로운 팬 베이스 세계로 들어가봅시다.

FAN BASE

★ 목차

제1장

어떤 신박한 마케팅도 잘 통하지 않는 시대에 우리가 할 수 있는 일

~~~~

단기 캠페인과 단발성 시책 모두 여러 의미에서 중요하다. 하지만 열심히 노력하여 화제를 모은다 해도 단발성의 일시적 이벤트로 끝나버리는 바람에, 결국 귀중한 예산과 노력을 낭비하는 경우가 많다. 쓸데없는 낭비를 줄이려면, 잠깐의 이벤트로 끝낼 것이 아니라 중장기 팬 베이스 시책과 연계하여 '가치에 대한 호감'을 자산화할 필요가 있다.

비용과 시간을 쏟아부은 캠페인,
왜 통하지 않을까? 뭐가 문제일까?

화제가 되어도 변한 것은 없었다

몇 년 전, 한 세제업체의 '엄마 사랑해!'라는 광고가 큰 화제를 모은 적이 있습니다. TV 광고는 히트를 쳤고 온라인에서도 폭발적인 관심을 받았죠. 한마디로 도달률(전체 이용자 중 광고를 본 사람의 비율—옮긴이)이 높았습니다. 다들 입을 모아 칭찬한 감동적인 작품이었는데, 사실 저도 그 영상을 보고 살짝 눈물이 났어요.

하지만 그 폭발적인 화제성도 몇 시간, 기껏해야 며칠 후가 지나자 끝나고 말았습니다. 많은 사람이 광고에 대해 호감을 가졌지만, 그 호감은 어마어마하게 쏟아지는 다른 정보들에 묻혀 눈 깜짝할 새에 뒤로 밀려났고, 사람들은 금세 다른 화젯거리에 관심을 가졌습니다.

물론 그 영상에 대해 말하면 다들 기억하기는 합니다. "아, 그런 영상도 있었지. 참 잘 만든 영상이었는데" 하고 말이죠. 그러나 며칠이 지나면 어느 세제업체의 광고였는지조차 잊어버리고 맙니다.

해당 광고 담당자는 저를 만나자 한탄을 했습니다.

"광고는 그야말로 대성공이었습니다. 다시없는 히트작이었지요. 어딜 가나 다들 그 광고에 대해 얘기했고 관심을 보였어요. 하지만 매출에는 별로 영향이 없었습니다. 그리고 그 후, 그 광고는 한순간에 잊히고 말았지요. 브랜딩 효과는 확실히 있었겠지만, 뚜렷한 결과가 있는 것도 아니고, 엄청 속상합니다. 우리가 도대체 어떻게 해야 했을까요?"

과연 그 담당자는 어떻게 해야 했던 걸까요?

대박 난 캠페인도
효과는 일시적이었을 뿐

이러한 사례는 사실 우리 주변에서 흔히 볼 수 있습니다. 단기 캠페인과 단발성 시책이 그 나름대로 화제를 몰고 와도 일회적·일시적 효과에 머물고 마는 것이죠.

* 이벤트는 성황리에 끝났습니다. 스페셜 사이트도 접속자 수가 늘었

고요. 다만 그 효과가 금세 사라져버린다고 할까, 별로 오래가지 못했습니다. 타사도 유사한 이벤트를 속속 내놓고 있고……

- 인기 있는 경제 관련 TV프로그램에서 긍정적으로 다루어진 후, 매장에 손님이 쇄도했습니다. 요즘 같은 시대에도 TV는 역시 효과가 있더군요. 하지만 그것도 한때였습니다. 기쁨도 잠시, 매출은 순식간에 원래대로 돌아왔지요……

- 창업 50주년을 맞아 제작한 광고 캠페인이 화제가 되면서 한 번 더 세상에 상품명을 알릴 수 있었습니다. 매출도 탄력을 받았죠. 하지만 계속 이어지지는 않더군요. 순식간에 흐름이 뚝 끊겼습니다. 벌써 예산도 다 써버렸고 이제 어떻게 하면 좋을지……

- 회원제로 운영하는 중인데, '신규가입 시 3개월 무료' 캠페인을 실시했더니 어느 정도 효과는 있었습니다. 하지만 무료기간이 끝나자 하나둘씩 탈퇴를 하더군요. 회원직을 그대로 유지하는 사람이 거의 없습니다. 대체 어떻게 하면 좋을까요……

- 간판 상품의 매출을 늘리기 위해 새로운 맛을 출시했는데, SNS에서 얼리어답터들이 알아서 홍보를 해준 덕분에 한동안은 불티나게 팔렸습니다. 하지만 그 유행도 한순간에 식어버렸고, 결국 판매가 종료되었지요. 정작 간판 상품의 매출은 조금도 변동이 없었습니다……

- 지방경제 활성화의 일환으로 인터넷 매체와 함께 기획한 '이주 촉진을 위한 재미있는 영상'이 유행한 적이 있지요. 덕분에 인지도는 높아졌지만, 이주 비율에는 전혀 변화가 없었습니다. '그때 그 열기를

다시 한 번!' 등의 다양한 기획을 내놓고는 있지만, 뭔가 이 방향성 자체에 문제가 있는 것은 아닐까요……

'화제성' 자체를 오래 유지하는 것은 누가 뭐라 해도 정답이었습니다. 캠페인과 판촉행사 등의 홍보가 도달률과 인지도 향상에 직접적인 영향을 미쳤고, 널리 알려지면 신규고객이 늘어난 시기도 그만큼 비교적 길어졌기 때문입니다. 그래서 일단 무조건 화제가 되도록 만들어야 하는 것. 그것이 광고나 PR, 판촉기획 등의 사명이기도 했죠.

앞서 소개한 몇 가지 사례는 그래도 양호한 편입니다. 이 사례들은 기존의 가치관에서 봤을 때 '성공 사례'에 속하기 때문이에요. 일시적이기는 하지만, 어느 정도 화제를 모았으니 인지도도 높아졌을 겁니다. 하지만 그 이상의 발전이 없다면? 대체 어떻게 하면 좋을까요?

일시적인 노출은 의미가 없다

커피머신을 무료로 대여해주는 '네스카페 앰버서더'(제4장에서 자세히 서술)라는, 새로운 비즈니스 모델을 선보인 네슬레 재팬의 쓰다 마사야스 씨는 이렇게 말한 바 있습니다.

"상품과 서비스를 팔기 위해 업계 전체가 오로지 '광고 도달률'에만 주력하는 것은 아주 위험하다고 생각합니다. '많은 사람에게 노출시켜 인지도를 높인 후에는 어떻게 해야 할까?', '어떻게 호감을 유지시켜 팬으로 만들 것인가?', '어떻게 팬들의 고객생애가치를 높일 것인가?' 이러한 점을 미리 고려하여 반영한 후에 노출시켜야 의미 있다고 생각합니다. 쉽게 말해 '일시적인 노출은 의미가 없다'는 것이지요."

저 역시 쓰다 씨와 똑같은 입장입니다. 일회성에 그치는 일시적인 노출은 의미가 없고, 신규고객에 대한 홍보가 목적인 단기·단발성 시책만으로는 요즘 같은 시대에 살아남기 어렵습니다.

문제는, '노출 후에 어떻게 할 것인가'이죠. 아니, '노출 전후에 어떻게 할 것인가'가 더 정확한 표현입니다. 그 방법에 따라 단기·단발성 시책의 효과는 크게 달라질 겁니다.

애써 공들인 캠페인을 '자산화'하지 않으면
밑 빠진 독에 물 붓기

저는 일회적일 뿐만 아니라, 그 효과마저도 삽시간에 사라지는 '성공 캠페인'을 볼 때마다 늘 '아깝다'는 생각이 듭니다. 캠페인은 멋지게 잘 만들어냈는데 말이죠. 순간적으로 사람의 마음을 움직이는 데는 성공했지만, 그것을 오래 붙잡아두는 것에는 실패한 겁니다.

만약 예산이 넉넉한 기업이라면 캠페인을 연달아 계속 실시하면서 잊을 틈을 주지 않을 수도 있습니다. 하지만 예산이 그 정도로 넉넉하지 않은 기업은 힘들게 짜낸 예산으로 일 년 동안 몇 개의 캠페인과 단발성 시책을 시행해서 예산에 걸맞은 효과를 내야만 합니다. 쉽지 않은 일이죠.

설사 앞서 소개한 세제업체처럼 화제를 모았다고 해도, 전 세계에서 쏟아지는 방대한 정보량에 묻혀 눈 깜짝할 새에 잊히고 맙니다. 피땀 흘려가며 겨우 화제를 모았는데, 단 며칠 만에 사람들의 뇌리에서 사라지고 마는 거예요. 너무 아깝지 않나요?

'그래도 인지도는 올랐을 것'이라며 스스로를 다독거려 보지만 정보, 엔터테인먼트, 상품이 모두 넘쳐나는 시대라 웬만해서는 사람들이 오래 기억하지 못합니다. 단기기억은 몇 시간, 길어봤자 며칠이면 사라집니다. 그러니 뇌리에서 완전히 사라지기 전에, 가능한 한 빨리 다음 캠페인을 추진해서 자극을 이어가는 것이 좋습니다.

아마 담당자들은 '이렇게 반복하는 것이 과연 옳은 방법일까?' 하고 생각할 겁니다. 하지만 회사에서는 '눈에 보이는 숫자', 즉 '결과'를 종종 요구하기 때문에, 담당자가 당장 할 수 있는 일은 캠페인을 실시해 인지도 상승을 노리는 것입니다. 그런데 이래서야 힘들게 짜낸 예산과 그간 들인 수고가 아깝지 않나요?

캠페인과 단발성 시책으로 흥미와 호감을 갖게 된 사람을 '팬'으로 만들고, 그 흥미와 호감을 자산화해야 하지 않을까요?

우리를 대신할 누군가는 차고 넘친다

매 시즌 한 여자에게 데이트 신청을 하는 남자가 있다고 가정해봅시다. 그 남자는 여자를 좋은 레스토랑에 데려가 아주 적극적으로 대시합니다. '나를 좋아해줘', '우리 사귀자'라며 구애하는 거예요. 여자도 딱히 싫지는 않습니다. 싫어하는 스타일도 아니라서, 점점 호감이 생기는 것도 같네요.

그런데 데이트 이후 두 사람의 관계가 갑자기 뚝 끊겼습니다. 남자 쪽에서 만나자는 말도 없고 아무런 연락도 없는 겁니다. 문자 한 통도 없네요? 조금씩 생겨나던 호감은 결국 사랑이나 애정으로 발전하지 못한 채 사라지고 말았습니다.

여자에게 대시하는 사람은 그 남자 말고도 많았습니다. 각자 매력을 어필하며 여자에게 다가갔죠. 경쟁자는 차고 넘칠 만큼 많습니다. 그런데 그는 그녀를 방치했고, 두 사람의 관계는 이미 끊어진 상태입니다. 한눈에 반하지 않은 한(한눈에 반할 확률이 얼마나 낮은지는 이미 잘 알고 있을 겁니다), 당연히 그는 여자의 연인 후보 목록에서 삭제될 겁니다.

그런데 이 남자, 계절이 바뀌자 또 천연덕스럽게 데이트 신청을 하네요? 또다시 '나를 좋아해줘', '우리 사귀자'라며 적극적으로 대시하는 상황이 벌어졌습니다. 여자는 생각합니다. '대체 뭐야? 이제 와서!'

뭐, 개운치는 않지만 기분이 나쁘지만은 않습니다. 그런데 또, 데이트 후 관계가 끊어지고 맙니다. 왜냐하면, 일시적이고, 일방적인 구애 이후 아무것도 없었거든요. 그녀의 입장에서는 '이제 겨우 호감이 생겼는데 이거 어떻게 할 거야, '이 사람 대체 뭐지?' 하는 생각이 들 수밖에요.

당연한 말이지만, 가끔씩 하는 데이트만으로는 관계를 진전시킬 수 없습니다. 상대가 나를 좋아하게 만들 수도 없고요. 하물며 사랑하게 만들 수 있을 리 만무하겠죠. 만약 정말 나를 좋아하게 만들고 싶다면, 데이트 후의 행동이 더욱더 중요합니다.

그대로 방치하지 말고 꾸준히 연락을 주고받아야 합니다. 시시콜콜한 잡담으로 상대를 편안하게 만들어주거나, 데이트 때 알게 된 상대의 취미를 공유하고 그에 대한 내 생각을 이야기하거나, 지금껏 살아온 내 인생을 부담스럽지 않을 정도로 이야기하거나……. 그렇게 상대의 호감을 얻기 위해 노력해야 합니다. 나를 좀 더 좋아하게 만들어 관계를 진전시킬 수 있도록 끊임없이 노력해야 하는 거죠.

경쟁자가 너무 많기 때문에, 그러지 않고서는 일시적인 호감을 얻는 데 그칠 것이기 때문입니다. 관계가 진전되기는커녕 시작하는 것조차 불가능할 수도 있습니다. 아주 단순한 원리죠? 그런데 이걸 알면서도 관계를 방치해두는 사람이 있을까요? 놀랍게도 그의 행동과 유사한 짓을 의외로 많은 '기업'이 하고 있습니다.

고객들의 호감을 그대로 내버려둬도 괜찮을까?

말하자면, [도표 1]과 같은 상황에서 사람들을 방치해두는 것이죠. 흔히 말하는 '봄맞이 이벤트', '썸머 캠페인' 같은 통합형 캠페인(광고나

온라인 마케팅 등을 조합한 캠페인)은 모두 일시적인 '깜짝' 이벤트로 이루어집니다.

캠페인에 나름의 예산을 투자해 어떻게든 화제를 모아 고객들의 호감을 사는 데까지는 성공했는데, 그 후에 특별히 무언가를 하려는 생각이 없습니다. 그래서 구애를 당하는 측(고객)에서는 호감이 전혀 유지되지 않죠. 그대로 기억 저편에 묻힙니다. 그래서는 어렵게 확보한 예산과 그동안의 노력과 수고, 시행착오가 모두 물거품이 될 뿐입니다.

게다가 사람들의 뇌리에서 완전히 사라졌을 즈음, '이대로 잊힐 순 없다!'며 또다시 캠페인을 벌입니다. 광고 모델까지 바꿔가며 예전과는 완전히 다른 캠페인을 실시하는 경우도 많고요. 그뿐만 아니라, 좀 더 자극을 주기 위해 패키지 리뉴얼이나 상품 리뉴얼까지 감행하는 기업도 있습니다. 아니, 어떻게 얻은 호감인데, 상품 자체를 아예 새롭게 바꿔버리면 어쩌자는 노릇인지 모르겠네요.

[도표 1] 캠페인 이후 인지도와 구매 효과

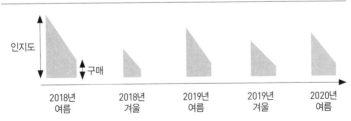

* 참고로 [도표 1]의 각 캠페인의 그래프 모양이 ◺의 형태인 이유는 '퍼널(Funnel, 깔때기)'을 표현한 것이다. 임팩트가 강한 광고를 제작해 인지도를 높이면 그만큼 많은 고객이 제품을 사줄 것이라 생각하는 전통적인 마케팅 이론이다. 구매 깔때기(Purchase Funnel)라고도 한다. 최근에는 구매 후의 공유 및 확산까지 포함하여 '이중 깔때기(Double Funnel)'라는 표현을 쓰기도 한다.

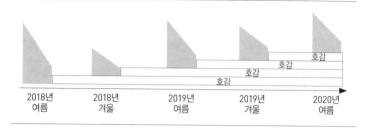

[도표 2] 캠페인 등으로 호감 쌓아가기

2018년 여름 | 2018년 겨울 | 2019년 여름 | 2019년 겨울 | 2020년 여름

[도표 2]와 같이 호감을 차근차근 쌓아나가지 않으면, 다시 말해 '가치에 대한 지지'를 축적해나가지 않으면 말짱 도루묵입니다(물론 고객에게 우리의 호감도가 [도표 2]처럼 계단식으로 상승하는 것도 아니고 이렇게 순조롭지도 않습니다. 상승과 하락을 반복하면서 점진적으로 올라간다고 보아야 할 겁니다. 이 도표는 이해를 돕기 위한 개념도로 보길 바랍니다).

깜짝 이벤트로는 충분하지 않다

캠페인을 할 예산이 없거나 캠페인을 거의 하지 않는 브랜드라면 더더욱 그렇습니다. 적은 예산을 끌어모아 단발성 시책을 반복한들 [도표 3]처럼 일시적인 이벤트로 끝나버린다면 너무나 아깝지 않나요?

사람들은 한 가지 시책이 아니라 다양한 경로(접점)를 통해 그 기업과 상품을 접하게 되는데, 어떤 부분에서 좋은 인상을 받았다 하더라도 그것이 축적되지는 않습니다. 한마디로 자산화되지 않는 겁니다.

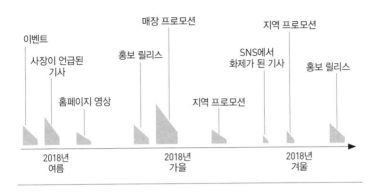

물론 그러한 시책들이 아예 효과가 없는 것은 아닙니다. 언뜻 보기에 관련이 없어 보이는 작은 기사나 프로모션이 자연스럽게 사람들 사이에서 쌓이고 쌓이면서 점점 호감이 생겨나고, 서서히 매출이 향상되는 경우도 있을 겁니다.

단, 문제는 그러한 경우가 철저한 설계하에 이루어진 것이 아니라는 점입니다. 부서나 개인의 개별적인 노력이 어쩌다 운 좋게 잘 들어맞았다고 볼 수 있고요. 되는 대로 하다 보니 잘 된 경우일 수도 있습니다. 지금 필요한 것은 이미 끝난 단발성 시책과 단기 캠페인 시책 등을 좀더 의도적으로 연계하고, 그를 통해 좋은 인상을 받은 사람(팬이 되기 직전인 사람)의 호감을 자산화하여 하나씩 쌓아나가는 '통합구축' 전략입니다.

즉, [도표 4]와 같이 호감의 자산화를 목표로 삼아야 합니다. 참고

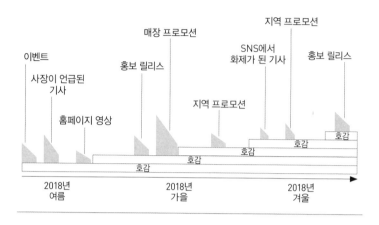

로, '팬의 수를 늘려 자산화하는 것'이 아니라는 점에 주의하세요. 자산화라고 하면 '팬이나 커뮤니티의 인원수를 늘리는 것'처럼 숫자의 개념으로 이해하는 사람이 있는데, 팬이란 '기업이나 브랜드, 상품이 중시하는 가치를 지지하는 사람'입니다. 단기·단발성 시책을 통해 알게 되는 '가치'에 대한 팬들의 '호감'을 하나하나 쌓아나가야 할 겁니다.

대대적인 캠페인도 물론 필요하다

기업 측 사정을 고려했을 때, 시즌별 단기 캠페인 시책과 앞서 말한 단발성 시책은 둘 다 중요하고 필요합니다.

우선 기업이나 브랜드, 상품도 일단 세간에 알리는 것이 먼저입니다. 세상이 아무리 변한다 해도 '인지도'의 중요성은 절대 줄어들지 않습니다.

또 단기·단발성 시책은 일시적이기는 하나 매출에도 자극을 줍니다. 이 혹독한 시대(다음 장에서 자세히 설명할 예정)에 매출에 긍정적 영향을 끼친다는 것은 매우 드물고 감사한 일이죠.

유통 측면에서의 이점도 있습니다. 예를 들어, 유명 연예인을 기용한 TV 광고를 대대적으로 내보내지 않으면 편의점이나 마트 선반에 진열하기 힘들고, 설사 진열한다 하더라도 좋은 위치에 둘 수 없는 제품군이 많아요.

그리고 대대적인 캠페인은 직원의 사기를 북돋아 일할 의욕을 고취시킵니다. 광고, PR, 인터넷 기사가 직원들의 의욕을 고취시키고 일체감을 형성하는 효과가 있다는 사실은 결코 무시할 수 없죠.

게다가 '임원 교체 주기가 1년'이라는 점'도 있습니다. 대부분의 임원은 1년마다 임기가 갱신되는데, 1년 내에 수치상의 결과를 내지 못하면 연임이 어려워집니다. 그래서 자꾸만 전년 대비 혹은 사분기별 통계수치에 집착하고, '단기적 성과'를 계산하기 쉬운 단기·단발성 시책을 중시하게 되는 겁니다. 중기경영계획에 따라 중장기 시책에 힘쓰더라도 이번 분기 성적이 좋지 않으면 차기 임원의 공적으로 돌아갈 것이라고 생각하는 사람도 있을 정도입니다. 게다가 KPI_{Key Performance Indicator}(핵심성과지표)와 광고효과지표도 단기·단발성 시책의 경우에 훨씬 쉽게 파악할 수 있습니다. 그래서 회의 등에서 결과를 보여주며 설명하기가 쉬운 것입니다.

그러한 임원의 입장과 심정은(임원으로 재임 중인 동년배 지인에게서 여러 가지 듣게 되는 이야기가 많습니다) 충분히 이해하지만, 그 외의 젊은 직원들도 그러한 단기적 시책에만 주력하는 것 또한 사실입니다.

물론 기업들도 저마다의 사정이 있을 겁니다. 그러한 점을 고려했을 때, 단기·단발성 시책은 여전히 중요한 의의를 가지며 필요한 경우가 많습니다.

지금 필요한 것은 짱짱한 통합 전략

그렇기 때문에, '필요한 단기·단발성 시책'을 적절히 활용하는 것이 중요합니다.

어차피 해야 한다면, 일회성에 그치는 일시적인 이벤트로 끝내지 말고 그 효과를 자산화하여야 합니다. [도표 2]와 [도표 4]에서도 알 수 있듯이, 단기·단발성 시책과 중장기 팬 베이스 시책을 조합한 '통합구축'이 필요하다는 말입니다.

'시책이 많아지면 예산도 늘어나는 것 아닌가?'라고 생각하는 사람도 있을 겁니다. 예산의 경우, 지금까지 캠페인과 단발성 시책에 모조리 쏟아부었던 예산의 일부를 중장기 시책에 투입하면 됩니다.

하지만 이것은 결코 '예산의 분산'을 의미하지 않습니다. 제5장에서 자세히 설명하겠지만, 단기·단발성 시책과 중장기 팬 베이스 시책을 연계시키면 '시너지 효과'가 나기 때문입니다. 필요한 단기·단발성 시책의 효과를 좀 더 극대화시키기 위한 토대(베이스)를 평소에 차근차근 쌓아나가는 것이 바로 팬 베이스입니다.

　제2장에서는 팬 베이스라는 개념이 꼭 필요한 이유를 조금 자세히 따져보려 합니다. 단지 '단기·단발성 시책을 그대로 방치하면 너무 아깝다'라는 이유만으로 팬 베이스의 필연성을 주장하는 것이 아니니 말입니다. 구체적으로는 세 가지 이유가 있는데 지금부터 하나씩 살펴보도록 할까요?

팬 베이스가 꼭 필요한
세 가지 이유

단기·단발성 시책의 효과가 점점 약해지는 반면, 중장기 팬 베이스 시책의 중요성과 필연성은 증대되고 있다. 팬 베이스는 매출 안정과 직결되는데, 시대적·사회적으로 그 중요성이 점점 커지고 있으며 새 팬(신규고객)이 생겨나는 효과가 있다. 앞으로는 팬 베이스를 뺀 마케팅 전략이란 생각할 수조차 없는 시대가 올 것이다.

팬 베이스 ≠ 팬 비즈니스

서두에서도 썼듯이, 팬 베이스란 팬을 중시하고 베이스로 삼아 중장기적으로 매출과 가치를 끌어올린다는 개념입니다.

이때 '베이스'라는 부분이 꽤 중요한데, 제1장 [도표 2]와 같이 매출을 중장기적으로 지탱하는 '토대(베이스)'와 같은 이미지로 생각하면 앞으로의 내용도 이해하기 쉬울 것입니다. 단기·단발성 시책의 끄트머리를 떠받치는 듯한 이미지를 떠올리면 됩니다.

또한 팬을 기업이나 브랜드, 상품이 중시하는 가치를 응원하는 '지지의 모체(베이스)'로 이해하는 것도 팬 베이스에서는 중요합니다.

브랜드와 상품의 '가치'는 시대와 함께 변화합니다. 사용 방식, 사랑받는 형태, 선호하는 포인트 등 모두 조금씩 변해가죠. 그 변화를 팬이라는 지지 모체와 함께 지켜보며 개선해나가는 과정 또한 팬 베이스입니다.

흔히 하는 오해는 '지금 있는 팬을 중시한다'와 '브랜드와 상품이 지닌 현재가치를 지지해주는 팬과 함께 그 현재가치를 유지해나간다'를 동일한 의미로 이해하는 겁니다.

그 브랜드와 상품이 지닌 '현재가치'를 좋아해서 팬이 된 것은 분명합니다. 변하지 않길 바라는 마음도 있을 테죠. 하지만 팬들은 그 가치의 연장선상에 있는 좀 더 나은 '미래가치'에도 큰 기대를 품고 있으며, 이를 기업과 함께 꿈꾸고 싶어 합니다.

예를 들어 아티스트의 팬들은 그 아티스트가 지금 모습 그대로 있어주길 바라지 않습니다. '앞으로도 계속 좋은 작품을 선보이며 우리를 즐겁게 해주었으면' 하는 마음으로 응원을 하지요. 이와 마찬가지로, 기업의 팬도 '미래'를 바라보며 지지를 보냅니다. 그런 팬들과 함께 변화하고 성장하면서 미래가치를 창출해가는 것도 팬 베이스라고 할 수 있습니다.

그런 의미에서, 팬 베이스는 팬을 이용해 수익을 올리려는 '팬 비즈니스'나 '팬 마케팅' 등과 다릅니다. '베이스'라는 표현에 방점을 두어 '팬 베이스 플래닝'이나 '팬 베이스 마케팅'이라 부르고 싶네요.

그러면 지금부터 팬 베이스에 대해 자세히 알아볼까요?

제1장에서 언급했듯이 단기·단발성 시책을 통해 얻게 되는 호감을 자산화하는 측면에서도 물론 필요하지만, 팬 베이스는 다각적 측면에

서 필연성을 띠게 되었습니다. 이 장에서는 그 이유를 세 가지로 나누어 살펴보기로 하죠.

<팬 베이스가 꼭 필요한 세 가지 이유>
① 팬은 매출의 대부분을 지탱하는 주축이다
② 팬을 중시하는 시대적·사회적 분위기가 한층 강해졌다
③ 팬이 새 팬을 만들어준다

우선 ①에서 팬 베이스는 뜬구름 잡는 이야기가 아니라 '매출'과 직결되는 개념이라는 점을 기억하고 ② 이하를 읽어주길 바랍니다.

그러면 하나씩 살펴봅시다.

팬은 매출의 대부분을
지탱하는 주축이다

코어팬과 팬만으로도 전체 매출의 약 90%!

우선 [도표 5]를 볼까요. 이것은 모 음료업체에게서 빌린 실제 데이
터입니다. 누구나 아는 유명 음료 브랜드예요. 그래프 좌측이 인원수
비율인데, '팬심'의 정도에 따라 구분했습니다. 가장 위쪽이 코어팬에
해당합니다.

이 책에서 말하는 코어팬이란 서두에서 설명한 '팬'의 상위 개념으
로, '기업이나 브랜드, 상품이 중시하는 가치를 강하게 지지하는 사람'
을 말합니다. 이른바 로열티(충성)가 높은 사람들이죠. 로열 유저, 로열
커스터머, 에반젤리스트(전도사) 등으로 불리는 부류이기도 한데, '충성'
이나 '전도'는 기업이 우위에서 내려다보는 듯한 표현으로 들릴 소지가

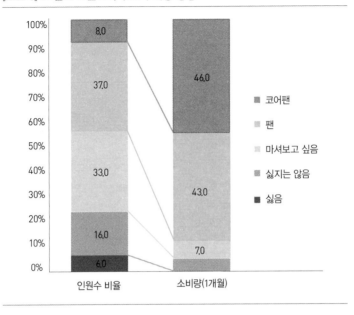

있어, 이 책에서는 간단히 '코어팬'이라 부르기로 하겠습니다.

도표에서도 알 수 있듯이, 이 음료 브랜드는 단 8%의 코어팬이 소비량(≒매출)의 46%를 책임지고 있습니다. 심지어 코어팬 아래의 '팬'까지 더하면 무려 매출의 약 90%에 달합니다.

기업은 무조건 신규고객 사이에서 인지도를 높여 어떻게든 구매하게 만들려고 타사와 치열한 경쟁을 벌이지만, 실은 이미 팬이 된 사람들이 매출의 대부분을 책임지고 있는 것이죠. 팬은 매출을 보장해주는 주축입니다. 팬을 중시하여 '계속 팬으로 남을 수 있도록 하는 것'이 수

익 안정으로 이어지는 지름길임을 알 수 있습니다.

파레토 법칙은 대체로 옳다

혹시 '파레토 법칙'이나 '80:20 법칙', '8:2 법칙'을 들어본 적이 있나요?

자연현상이나 사회현상 등 다양한 사례에 적용할 수 있는 법칙인데, 비즈니스에서는 '전체 고객 중 상위 20%가 매출의 80%를 창출한다'는

[도표 6] 파레토 법칙

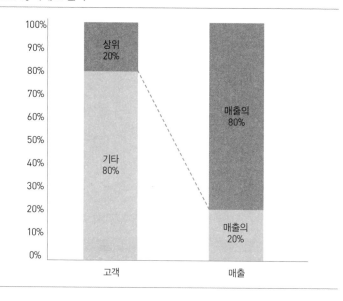

식으로 쓰입니다.

앞서 말한 음료 브랜드의 사례는 정확하게 '20:80'은 아니지만(약 45:90에 해당), 소수의 고객이 매출의 대부분을 책임지고 있다는 의미에서 파레토 법칙은 거의 모든 상품군에 적용할 수 있습니다.

[도표 7]은 일본 신국립극장 운영재단의 홋타 오사무 씨가 조사한 것인데, 3.3%의 초고관여층(≒코어팬)과 10%의 고관여층(≒팬)이 매출의 3분의 2를 책임지고 있는 상태를 보여줍니다. 또 이 조사를 인용한 보고서를 보면 파레토 법칙의 실제 사례로 다음과 같은 내용이 나와 있습니다.[1]

[도표 7] 신국립극장 운영재단의 매출 구조 분석

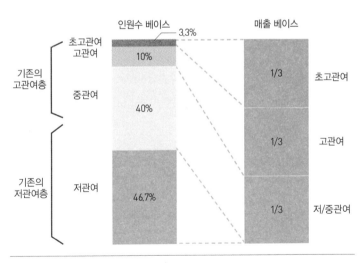

자료: 홋타 오사무, 〈초고관여 소비 마케팅 임팩트〉

'백화점'에서는 고객 수의 상위 20%가 약 60% 이상의 매출을 책임지고 있다는 보고가 있습니다(이와이 외 2005). '잡지'는 상위 21.1%의 사람이 구독 수의 71.5%를 차지하고, '인터넷'은 20.1%의 사람이 총 접속자의 63.8%에 해당하며, '편의점'은 20.8%의 사람이 총 이용자의 58.5%를 차지한다는 거죠(다자이 2009). 이처럼 통상의 소비 카테고리에서는 오히려 20:70 내지 20:60의 범위가 많은 듯합니다.

다른 사례로 제 지인이 경영하는 '가사 택배 서비스'의 경우, 구체적으로 '3회 이상 정기적으로 이용하며 현재 활발히 이용 중인 고객'을 팬으로 규정하고 조사를 해보았습니다. 그랬더니 전체의 약 27%인 팬이 매출의 약 75%를 책임지고 있었다고 합니다. 또 모 프랜차이즈 서점의 임원에게 물어보니, 대개 약 30%의 고객이 매출의 약 80%를 책임지고 있다고 대답했습니다.

이는 B2B 기업에도 적용됩니다. 실제 B2B 기업들을 대상으로 인터뷰해보니, 꾸준히 발주하는 약 20%의 단골 거래처가 전체 매출의 약 80%를 차지하는 경우가 많다고 대답했습니다. 'B2B 담당자이자 팬인 사람'을 중시하는 시책은 수익과 직결됩니다(이는 뒤쪽에서 좀 더 자세히 다룰 예정).

이처럼 업계에 따라 수치나 팬 베이스 시책 실시 여부 등에 다소 차이가 있을 수 있지만, '소수의 팬이 매출의 대부분을 책임지고 있다'는 사실은 여러 사례를 통해 확인할 수 있습니다.

상위 2.5%의 코어팬의 놀랄 만한 구매력

사례를 하나 더 살펴볼까요.

가고메KAGOME의 대표적인 상품인 '가고메 토마토주스'는 상위 2.5%의 코어팬이 전체 매출의 30~40%를 책임지고 있다고 합니다.[2]

놀랍지 않나요? 겨우 2.5%에 불과한 고객의 소비량이 전체 매출의 30~40%를 차지한다니 말입니다. 관련 기사를 읽어보면 하루 220엔 이상, 연간 8만 엔 이상 가고메 제품을 구매하는 코어팬이 가고메 매출을 지탱해주고 있다고 합니다.

하지만 가고메는 코어팬들이 조금씩 떨어져나가는 현상에 위기의식을 느꼈습니다. 그래서 코어팬과의 유대를 좀 더 공고히 다지기 위해 코어팬만 가입할 수 있는 '&KAGOME'라는 커뮤니티 사이트를 만들었어요.

가고메의 시게토모 다이키 씨는 기사에서 이렇게 말했습니다.

> "당사의 목표는 수백만 명, 수십만 명에 육박하는 회원 수를 자랑하는 커뮤니티가 아니라, 누가 봐도 가고메 제품을 사랑하고 실제로도 매일 구매하는 주 고객을 위한 자리를 만드는 것입니다."

즉, 코어팬과 끈끈한 유대관계를 유지함으로써 그들의 마음이 떠나지 않도록 붙잡아 수익의 안정을 꾀하는 것이죠.

지금 있는 팬을 중시하여 LTV를 높인다

라이프타임 밸류LTV라는 표현이 있습니다. 앞에서도 간단히 설명했는데, 이를 번역하면 '고객생애가치'이며 일반적으로는 '생애에 걸쳐 그상품을 어느 정도 반복적으로 구매하였는가' 정도로 설명할 수 있습니다.[3]

앞쪽의 [도표 5]를 다시 봐볼까요? 좌측의 코어팬과 팬의 수가 더늘지 않고 그대로 유지되기만 해도, 또 그들이 매년 몇 개씩만 더 구매한다면 우측의 소비량은 분명 몇 %가 올라갈 겁니다. 기본적으로 매출의 90%를 차지했으니, 하나씩만 더 사도 90%를 넘게 되죠. 다시 말해, 매출 전체를 끌어올리는 셈입니다.

지금까지 기업은 캠페인 등을 통해 신규고객을 확보하여 도표 좌측의 '총 인원수'를 늘리는 데 주력했습니다. 그러나, 뒤에서 자세히 설명할 테지만, 이제는 총 인원수를 늘리는 것 자체가 힘들어졌습니다. 물리적인 고객수가 계속 줄어들고 있기 때문이죠.

그리고 연예인 효과와 할인 판매 등을 통해 어떻게든 신규고객을 늘린다 하더라도, 유동층은 말 그대로 유동적으로 움직이는 사람들이라좀처럼 한곳에 정착하지 못하고 타사에 좋은 제품이 출시되면 금세 그쪽으로 옮겨갈 겁니다. 그보다는 이미 열심히 구매해주고 있는 고객과의 관계를 돈독히 하여 팬으로 만든 뒤, 그들이 한두 개씩만 더 사도록만드는 게 수익을 안정시킬 수 있는 확실한 방법 아닐까요?

구매 후 고객에게 더 관심 쏟는
소니의 DSLR '알파(α)'

그렇다면 어떻게 해야 LTV가 상승할까요? 이미지가 선뜻 떠오르지 않을 것 같으니 한 가지 사례를 들어보겠습니다. 바로 소니에서 출시한 DSLR '알파(α)'입니다.

자세한 내용은 기사[4]를 읽어보면 알 수 있을 테지만, 요약하자면 소니가 생각하는 가장 중요한 과정이 바로 '상품 구매 후'라는 것입니다. 다시 말해, 구매 후 LTV가 얼마나 상승했는지를 중요하게 생각한다는 의미예요.

소니는 고객이 알파(α)를 구매하면 'P3'라고 하는 CRM액션(구매자에게 3개월 내 3회 이상 연락을 취하는 고객관계관리 시스템)을 발동하여 구매한 제품을 제대로 사용할 수 있게 정보와 서비스를 제공하고 있습니다.

소니 마케팅 대표이사인 가와노 히로시 씨는 이렇게 말합니다.

"상품의 사용빈도를 높이는 것이 주변기기까지 구매하는 크로스셀링 Cross-selling, 상위 기종을 구매하는 업셀링Up-selling으로 이어집니다. 예를 들어, 알파(α)의 경우 전문가부터 초보자에 이르기까지 각 수준에 맞는 다양한 콘텐츠를 이메일로 보내주고 있으며, 웹사이트 유도율도 일반적인 이메일 뉴스레터가 1.3%인 것에 반해 P3메일은 32% 정도입니다."

소니는 '이미 제품을 구매한 기존 고객'과 소통하기 위해 콘텐츠를 제공하고 구매 후의 접촉 빈도를 늘리고 있는 겁니다.

나아가 기존 고객 간의 활발한 소통을 유도합니다. 사진 업로드 및 공유, 커뮤니티 운영, 이벤트 및 콘테스트 안내, 사진기술 강의 등 정성을 다해 고객과의 관계를 탄탄히 다지고 있습니다.

또 소니는 제품을 직접 체험해볼 수 있는 소니스토어를 통해 사용법 강좌, 테마별 촬영 강좌, 출사, 신제품 체험회 등의 이벤트를 열고 있습니다. 온라인에서 알게 된 후 체험회에서 실제로 만나 꾸준히 교류하는 팬들도 많다고 합니다.

담당자인 마쓰모토 고타로 씨는 이렇게 말합니다.

"주로 온라인으로 소통이 이루어지는데, 일부러 소니스토어까지 직접 찾아와주는 팬들은 소니의 가장 열렬한 팬이므로 특별히 더 소중하게 생각합니다."

이처럼 시책에 따라 고객은 팬이 되거나, 코어팬이 됩니다. 사진을 공유할 수 있는 'αCafe'에는 팬들이 매달 1,000장이 넘는 사진을 올리는데, 현재 누계 127만 장의 사진이 올라와 있다고 합니다. 결과적으로 소니에 대한 호감도가 상승하고 고객의 LTV가 올라가겠죠.

팬이 제품 구매 후에 쓴 금액을 보면, 구매 시점을 1이라고 했을 때 P3단계는 3.85이고 'αCafe'에 접속한 단계는 5.24입니다. 그리고 체험회에 오게 만들 정도로 소통을 했을 때는 LTV가 5.34까지 올라갔다고 합니다. 카메라가 고가의 제품이라는 점을 생각하면, 엄청난 효과라

할 수 있습니다.

고노 씨는 이렇게 말합니다.

"앞으로도 소니는 디지털 마케팅을 최대한 활용하고 체험 매장인 소니 스토어와 연계하여 소니 팬을 늘려나갈 것입니다."

소니 DSLR '알파(α)'의 사례가 훌륭하다고 평가되는 이유는 팬들끼리 사진 등을 공유함으로써 브랜드 가치가 향상되고 LTV가 상승했다는 점에 있습니다.

LTV는 자칫 '고객생애단가'와 같은 뉘앙스로 들릴 수 있는데, 고객이 브랜드와 상품에 중장기적으로 기여하는 가치를 금액만으로 설명할 수는 없습니다. 특히 '팬이 새 팬을 만들어준다'는 점에서 고객의 가치는 헤아릴 수 없을 만큼 크지요.

'신규고객 확보'에서 '팬 늘리기'로 방향을 튼 소니의 미래가 어떠할지 기대됩니다.

팬이 전체 매출의 몇 %를
책임지고 있는지부터 조사하자

자, 그렇다면 당신이 담당하는 상품은 어떤가요?

일단 [도표 5]의 음료 브랜드와 같이 팬이 매출의 몇 %를 차지하는

지에 대한 조사부터 시작해봅시다. 그러면 적어도 매스마케팅 전성기의 정공법이었던 '신규고객 유치를 위한 홍보'에 대해 조금은 생각이 바뀔 겁니다.

이 음료 브랜드는 전국 소비자 패널 조사(전국 15~79세 남녀를 대상으로 지속적으로 수집한 일별 구매데이터)를 통해 '이 브랜드를 가장 선호해서 마신다', '자주 마시는 브랜드 중 하나다' 등의 설문조사를 실시하여, 실제 구매량과 연관시켜 계산하는 조사방법을 택하고 있습니다.

단, 브랜드와 상품이 고관여상품인지 저관여상품*인지에 따라 상

● **[조금 길지만 꽤 중요한 내용]**

고객 입장에서 중요도와 관심도가 높은 상품은 '고관여상품', 중요도와 관심도가 낮은 상품은 '저관여상품'이라 부릅니다. 음료는 일반적으로 '저관여상품'으로 분류합니다. 편의점이나 마트에서 단 몇 초 만에 구매결정을 내릴 수 있는 일용품은 저관여상품인 경우가 많은데, 음료도 그중 하나입니다(물론 사람마다 다르므로, 음료를 중요하게 생각하는 사람도 많이 있겠지요).

고관여상품의 경우, 헤비유저나 재구매자가 곧 팬(지지자)이기 때문에 지지가 그대로 매출로 이어지는 경우가 많습니다. 반면 저관여상품의 경우, 헤비유저나 재구매자라고 해서 반드시 팬(지지자)이라 볼 수는 없습니다. '다른 음료 브랜드도 상관없다'라고 생각하는 유동층이 많고, 무심코 재구매하는 경우도 많기 때문이에요. 그리고 그러한 사람들의 구매량은 실로 엄청납니다. 그들의 구매량이 매출의 대부분을 차지하는 경우도 많아요.

누구나 '딱히 팬까지는 아니지만 무심코 재구매하게 되는 상품이 있을 겁니다. 예를 들어, 저는 최근에 특정 요구르트 음료를 자주 사는데, 그렇다고 해서 팬은 아니에요. 다른 업체에서 효능은 비슷한데 더 맛있는 상품을 출시하면 바로 옮겨갈 수 있을 정도의 재구매자입니다(지금 저한테 팬 베이스 시책을 펼친다면 바로 '팬'이 될 텐데 말이죠!). 이러한 소비행동은 그 상품의 현재 매출을 지탱하고 있으나 언제 다른 상품으로 옮겨갈지 알 수 없습니다. 왜냐하면 팬이 아니라 유동층이기 때문이죠. 저관여상품 중에는 그러한 것이 많습니다.

즉, 저관여상품도 고정 팬을 확실히 만들 필요가 있지만, 여기 덧붙임 설명에서는 그러한 점을 말하려는 것은 아닙니다. 이 책은 상품군을 특정하여 각론을 설명하는 전문서가 아니라, 일반화하여 대략적인 틀을 전하려는 교양서이므로, 상품군을 명확히 구분하지 않고 이야기를 진행시킨다는 점을 미리 말해두고자 합니다. 자신이 담당하는 상품에 맞게 응용하여 읽어주길 바랍니다.

관관계도 다소 달라지기 때문에, 상품군에 따라 조사 항목은 신중히 선정하는 것이 좋습니다. 처음에는 샘플 수가 적어도 괜찮으니, 설문조사 항목을 수정·변경해가며 좀 더 설득력 있는 결과를 도출해내는 것이 좋겠지요.

우선은 그 사실을 당신이 담당하는 상품을 통해 확인해봅시다. '우리 회사 제품에 고정 팬이 있을 리 없다'라는 선입관은 버리고, 예산 범위 내에서 일단 조사부터 해보는 겁니다. 아직 팬이 없는 신상품과 잘 팔리지 않는 상품 등의 경우에는 타사의 선행상품을 좋아하는 팬을 조사하여 경향을 파악하는 것도 좋은 방법입니다.

먼저 '팬은 매출의 대부분을 책임지며 매출을 늘려준다'는 점을 염두에 두고, 그다음에 팬 베이스가 필연성을 갖게 된 이유를 살펴보려 합니다. 시대와 사회가 급격하게 변하여 팬을 '토대'로 삼아야만 하는 필연성이 생겨났기 때문입니다.

팬을 중시하는 시대적·사회적 분위기가 한층 강해졌다

지금은 성공신화에서 벗어나야 할 시기

경제가 발전하고 상품이 불티나게 팔리던 시절을 잊지 못하고 지금도 마케팅 목표를 '신규고객 유치'에 두는 기업이 많습니다. 또, 버블경제 시기와 같이 대중이라는 거대한 집단에 대량으로 판매하던 시절의 '성공체험과 그 방식'을 믿는 임원이나 관리직도 적지 않지요.

그 방법이 유효한 때도 있었지만, 문제는 앞 장에서 이야기한 것처럼 지금 실제 현장에서는 '효과가 없다', '안 팔린다', '금방 잊힌다', '변화가 없다' 등의 반응이 대부분이라는 점입니다. 이러한 괴리가 생겨난 이유는 시대와 사회가 변했기 때문이에요.

이번 챕터에서는 그러한 점을 살펴보면서, 팬이라는 이름의 '이미 자사 제품을 구매한 사람', '이미 지지를 보내고 있는 사람'을 중시해야 하는 이유를 집중적으로 짚어보고자 합니다.

변화의 양상은 크게 세 가지로 추릴 수 있습니다.

❶ 일본 사회의 변화, ❷ 초성숙 시장에 의한 변화, 그리고 ❸ 정보환경의 변화입니다.

❶ 일본 사회의 변화로 신규고객이 점점 감소하다

우선 첫 번째 변화인 '일본 사회의 변화'를 살펴볼 텐데, 이 이야기를 시작하면 대개는 다 안다는 듯이 짜증내는 투로 말합니다. "저출산, 고령화 문제 말하는 거 아니에요? 앞으로 꽤 힘들어질 거라는 말이잖아요"라며, 몇 십 년 앞의 일을 지금 말해봤자 무슨 의미가 있냐는 뉘앙스로 말이에요.

헌데 그렇게 생각하면 오산입니다. 이것은 '눈앞의 매출'과 직결되는 이야기이기 때문입니다. 현재 일본에서는 저출산, 고령화뿐 아니라 복합적으로 다양한 일이 연이어 동시다발적으로 일어나고 있습니다. 수많은 문제가 있겠지만, 우선 세 가지로 추려보겠습니다. 신규고객만 노려왔던 기업의 '체질'을 개선하는 일은 서두를수록 좋습니다.

· 급격한 인구 감소

[도표 8]을 보면 알 수 있듯이 인구는 엄청난 속도로 감소하고 있습니다. 2008년에 정점을 찍은 뒤, 마치 벼랑 끝에서 추락하는 듯한 추세로 급격히 감소하고 있죠. 40년 후에는 약 4,000만 명 정도가 완전히

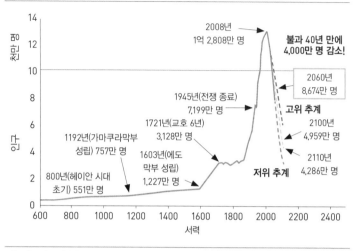

자료: 총무성, 국립사회보장·인구문제연구소, 국토교통성 등의 자료를 바탕으로 저자가 작성

사라지게 됩니다. 계산상으로는 매년 100만 명의 인구가 감소하는 셈입니다. 100만 도시인 지바 현(県)과 센다이 시(市)가 매년 하나씩 없어지는 것과 같은 속도예요.

다시 말해, 소중한 자사의 상품을 접하게 될 고객이 물리적으로 줄어든다는 의미입니다. 구매자 수를 전체적으로 늘리거나 신규고객을 늘리는 등의 방법을 택했다가는 그야말로 가시밭길을 걷게 될지도 모릅니다. 매년 100만 명씩 줄어드는 시장을 대체 어떻게 극복해나가야 할까요?

이제는 '이미 자사 제품을 구매하고 지지를 보내고 있는 고객'을 중시하여 그들이 떠나지 못하게 붙잡아야 합니다. 이는 수익을 안정시킨다는 측면에서도 중요합니다.

  · 초고령 사회

2016년에 일본에서 베스트셀러가 된『라이프 시프트Life Shift』에서 미국의 인구학자가 예측한 바로는, 2007년에 태어난 일본인의 약 50%는 107세까지 살 것이라고 합니다. 대개 이러한 예측은 의학의 진보 등으로 앞당길 수 있으므로, 현재 20~30대인 사람들도 100세 정도까지 살 수 있을지 모릅니다. 초고령 사회가 도래하는 것이죠.

너무 먼 미래의 일을 이야기한다는 생각이 든다면, 이건 어떤가요?

  · 2020년 여성의 과반수가 50세 이상
  · 2024년 국민 3명 중 1명이 65세 이상
  · 2026년 고령자 5명 중 1명이 치매 환자
  · 2030년 베이비붐 세대의 고령화로 도쿄 외곽이 유령도시로 변함

    자료: 가와이 마사시,『미래 연표』

앞으로 5~10년 후 눈앞에 벌어질 일입니다.

정말 이렇게 된다면 소비는 어떻게 될까요? 주변의 고령자를 보면 알 수 있습니다. 미래에 대한 불안, 건강에 대한 염려, 노노개호老老介護(노인이 노인을 수발하는 것 - 옮긴이) 등에 대비하여 돈을 저축하고 소비를 줄이기 시작합니다.

또한 대부분의 고령자는 보수적입니다. 호기심은 점점 줄어들고 새

로운 기술과 혁신적인 상품 등에 회의적이며 까닭 없는 공포심마저 느끼죠. 익숙한 제품을 사용할 때 좀 더 마음이 놓이는 겁니다. 즉, '새 상품에 손을 뻗는 시도' 자체가 줄어들 것으로 보입니다.

고령자뿐만이 아닙니다. 곧 고령자로 분류될 50~60대도 자기 부모의 병원비나 수발 비용, 요양시설 비용, 본인의 노후연금 등을 생각해 지갑을 꼭꼭 닫아버리기 시작했습니다. 출산율이 떨어지고 고령자 수가 급증하는 사회가 바로 '신규고객이 줄어드는 사회'입니다.

이렇듯 신규고객 유치를 위한 캠페인의 효과가 해가 갈수록 약해질 것은 불을 보듯 빤하니, '현재 자사 제품을 구매하고 지지를 보내는 고객'을 소중히 여겨야 합니다.

인구의 약 절반이 1인 가구

미혼자도 급증하고 있습니다.

일본 국립사회보장·인구문제연구소의 추산에 따르면, 15세 이상 전체 인구 중 1인 가구(미혼+이혼+사별)의 수는 점점 증가해 2035년이 되면 남녀 합산 4,800만 명을 돌파하여 전체 인구의 48%를 차지할 것이라고 합니다. 일본인의 약 절반이 1인 가구일 것이라는 계산이죠.

이는 가구별 수요·세대별 수요가 줄어들고, '결혼-임신·출산-육아'라는 '생애주기의 변화에 따른 새로운 수요'마저 줄어든다는 것을 의미합니다.

결혼을 하면 여러 가지 '새로운 수요'가 발생합니다. 나아가 아이가 생기면 지금껏 사본 적 없는 용품이나 교육, 주택 등 새로운 수요가 자꾸만 생기는데, 그러한 것들이 전부 없어진다는 의미입니다.

독신으로 살아가는 1인 가구가 많아지면, 생활 패턴이 바뀔 일이 거의 없기 때문에 그만큼 기타 새로운 수요도 기대할 수 없습니다. 필요 없는 물건을 과감히 처분하는 미니멀리즘과 공유문화의 확산 등까지 더해져 많은 분야에서 신규고객 감소를 겪게 될 것입니다. 그러므로 '현재 자사 제품을 구매하고 지지를 보내는 고객'의 이탈을 막는 것이 중요하겠지요.

❷ 초성숙 시장은 신규고객 유치를 더욱 어렵게 만든다

거의 모든 세대에 걸쳐 물건이 넘쳐나며 수많은 상품이 높은 보급률을 보이고 있는 시장을 '성숙 시장Mature market'이라 하는데, 현재 일본 사회는 그 상황을 훨씬 뛰어넘은 '초성숙 시장Ultra mature market'으로 진입했습니다. 세계적으로 보더라도 이만큼 매장, 가정집, 직장 할 것 없이 물건이 넘쳐나는 사회는 드물었어요. 그리고 이러한 상황 자체가 신규고객 유치를 더욱 어렵게 만드는 바람에 팬의 중요성은 오히려 점점 증대되었습니다. 두 가지 관점에서 살펴볼까요.

• 선택지가 너무 많으면 인간은 구매를 포기한다

혹시 유명한 '잼 실험'을 알고 있나요? 미국 콜롬비아대학의 쉬나 아이엔가 교수가 실시한 실험인데, 원래는 '상품 구성을 다양하게 하는 편이 매출에 도움이 된다'라는 어느 마트의 경영방침이 옳은 것인지를 확인하기 위한 실험이었습니다.

그런데 정반대의 결과가 나왔습니다. 24종의 잼을 진열한 매장과 6종밖에 진열하지 않은 매장 중 어느 쪽이 더 잘 팔리는지를 비교했는데, 처음에는 당연히 24종의 잼을 진열한 매장의 매출이 더 좋을 것이라 예상했지요. 하지만 결과적으로 24종을 진열한 매장에서는 고객의 3%만 구매를 한 데 비해, 6종을 진열한 매장에서는 고객의 30% 정도가 구매를 했습니다.

쉬나 아이엔가 교수는 이 실험이 주는 교훈을 이렇게 말합니다.

> "선택지가 많으면 많을수록 인간은 선택을 망설이게 되는데, 옳은 선택이라는 확신이 없기 때문에 불안해지고 자신감을 잃게 되어 결국 선택을 포기하고 만다."

그렇습니다. 선택을 하지 못하게 되는 것이 아니라, '선택을 포기하는 것'입니다. 한마디로 구매를 포기한다는 의미예요.

새로 출시된 상품에 대한 모험 자체가 줄어드는 이유 중 하나라고 할 수 있습니다. 가까운 편의점과 슈퍼, 마트 등에 가보면 금방 알 수 있습니다. 온라인 쇼핑은 말할 것도 없죠. 선택지가 너무 넘쳐나니까요. 그렇게 되면 인간은 구매를 포기해버립니다. 이에 반해 '살 물건이 이미 정해진 사람', 즉 팬의 존재가치가 커지는 것은 어찌 보면 당연한 이치입니다.

• USP는 금세 모방되어 진부해진다

온갖 물자가 넘쳐나는 초성숙 시장에서 기업은 어떻게 해야 할까요? 대부분의 기업은 타사 상품과의 차이점을 전면에 내세워 차별화를 추구합니다. 바로 'USP* 명확화' 전략입니다. 하지만 지금은 그조차 큰 효력을 발휘하지 못하는 시대입니다.

예를 들어, 아이폰이 세상에 첫선을 보였을 때를 기억하시나요?

저는 정말 깜짝 놀랐어요. 정말로 혁신적인 상품이었거든요. 하지만 그렇게 혁신적인 상품마저도 단 몇 년 만에 타사에 따라잡혀(모방되었다고 봐도 무방함), 가격대가 떨어지고 순식간에 진부해지고 마는 커머디티화(제품의 일반화 또는 평준화)가 이루어졌습니다.

액정 TV도 마찬가지입니다. 일본 업체가 일찍이 전 세계를 석권했던 패널 기술은 눈 깜짝할 새에 타국의 후발주자들에게 따라잡혀 진부해지더니 저가경쟁에서 결국 패하고 말았죠. 선행상품은 USP가 뛰어나면 뛰어날수록 후발주자들이 연구를 거듭해 모방해내기 때문에, 희소가치가 떨어지고 저가화됩니다.

아이폰과 액정 TV처럼 최첨단 기술이 필요한 제품도 이렇습니다. 당신이 담당한 상품도 예외는 아니란 말이죠. 개발자가 죽을힘을 다해 연구하여 출시한 상품도, 이를 철저히 연구하여 부가가치까지 덧붙인 후발주자의 상품에 금세 밀려납니다. 새로운 시장을 창출해낸 혁신적

---

* **USP**란 'Unique Selling Proposition'의 약자로, '상품의 고유한 특성(Unique)을 내세우는 (Selling) 제안(Proposition)'을 의미합니다. 일본에서는 간단히 '차별화 포인트' 정도의 의미로 사용하는 경우가 많습니다.

인 상품일수록 유사 상품이 많아 순식간에 진부해지는 것입니다. 그리고 그 상품은 결국 저가경쟁에 내몰리게 되지요.

물론 새로운 USP를 내놓으면 일시적으로 신규고객이 늘어날 겁니다. 이리저리 옮겨 다니는 유동층이 몰리기 때문이죠. 하지만 그 소중한 기회를 놓쳐 그들을 확실히 '팬'으로 만들지 못한다면, '선행상품을 잘 모방한 후발주자'에게 그 유동층을 뺏기고 말 것입니다. 즉, 신규고객을 USP로 붙잡아둘 수 있는 것은 그야말로 찰나에 불과하다는 의미예요. 붙잡아두는 동안 반드시 팬으로 만들어야 합니다.

❸ 정보환경의 변화로 신규고객에 대한 홍보가 예전보다 쉽지 않다

세 가지 이유 중 마지막 이유로 '정보환경의 변화'를 꼽을 수 있습니다.

전 세계에 존재하는 정보의 양이 방대해지면서, 기업의 입장에서는 상품 정보를 제대로 알리기가 힘들어졌습니다. 사람들을 즐겁게 해주는 엔터테인먼트가 과도하게 늘어나면서, 고생하여 질 좋은 콘텐츠를 만들어봤자 봐주는 사람이 거의 없는 판국이 되었죠. 여기서는 그러한 현상을 지적하고자 합니다.

• '전 세계 모래알 개수'보다 많은 정보가 세상에 존재한다

현재 인류는 지금껏 경험해본 적이 없을 만큼 방대한 정보 속에서 살아가고 있습니다. 미국의 시장조사기관 IDC에 따르면, 이 세상에 존재하는 정보량은 2011년 기준으로 '전 세계 모래알 개수'보다 많다'고 합니다.

전 세계 모래알 개수보다 많다니…… 거의 무한에 가깝겠지요. 심지어 도쿄올림픽과 패럴림픽이 열리는 2020년에는 무려 45ZB의 정보가 흘러나올 것이라 예측했습니다. 즉, 전 세계의 모래알이 지금보다 45배 정도 많아지는데, 전 세계 모래사장의 모래알을 전부 합친 만큼의 정보가 세상에 흘러나온다는 의미입니다.

저는 『내일의 플래닝』에서 이러한 정보환경을 '모래알 정보 시대'라고 이름 붙였습니다. '당신이 전하고자 하는 정보'는 설령 그것이 수억 바이트의 정보라 하더라도, 분모가 무한해서 '모래알'이라고 해도 무방할 정도의 작은 존재가 될 수밖에 없습니다. 소중한 상품 역시 휩쓸아

[도표 9] 인류의 정보량 변화

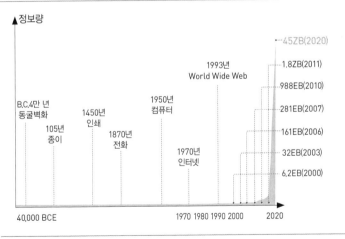

* 2007년에는 그동안 출간된 서적의 총 정보량보다 약 300만 배나 많은 정보가 흘러나왔다. 2011년에는 그 1,921만 배인 1.8ZB의 정보가 흘러나왔다. 그리고 2020년에는 45ZB에 달하는 정보가 흘러나올 것이라 예측하고 있다. 1ZB(제타바이트)란 '전 세계 모래사장의 모래알 수'라고 한다.

치는 모래폭풍 속의 작은 모래알에 불과하죠.

이것은 귀중한 예산을 들인 캠페인의 효과에 지대한 영향을 미칩니다. 사람들에게 거의 알려지지 않는 것(도달률이 낮음)이죠. 정보의 모래폭풍에 휘말려 알려지지도 못한 채 사라지고 맙니다. 기적적인 확률로 사람들에게 알려졌다 하더라도, 잇따라 쏟아지는 새로운 정보에 대응하기 위해 사람들은 '자신과 관련이 없는 정보'는 바로 기억에서 지워버립니다.

몇 십 년 전만 하더라도(모래알 정보 시대의 시작은 대략 2005년 전후), 캠페인은 사람들의 뇌리에 꽤 오래 머물렀습니다. 정보량이 지금보다 압도적으로 적었기 때문에, 기업이 내보내는 정보를 그만큼 수용할 수 있었던 겁니다.

하지만 정보가 지금처럼 많아지면 불가능할 수밖에 없습니다. 인간의 두뇌 용량을 초과할 뿐 아니라, 필요할 때 검색하면 된다는 생각에 기억하려는 노력조차 하지 않기 때문이에요.

그때 그 캠페인, 그 홍보 릴리스, 그 이벤트 광고, 그 화제의 기사…… 당신이 담당하는 상품에 아무런 관심이 없는 사람들이 과연 그러한 홍보물을 기억이나 할까요? 만약 정확히 기억하는 사람이 있다면, 그는 '상품에 이미 관심을 갖고 있는 사람'입니다. 바로 '팬'이겠지요.

• 엔터테인먼트 과잉도 캠페인의 도달을 방해하는 요인이다

게다가 엔터테인먼트의 수도 심상치 않은 수준으로 증가했습니다.

[도표 10]은 유튜브에 관한 내용인데, 현재 전 세계에서 1분 동

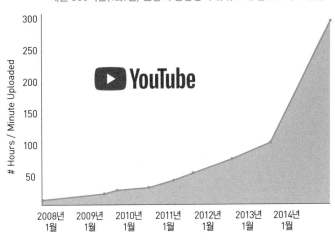

매분 300시간(12.5일) 분량의 동영상이 유튜브에 업로드되고 있음

안 300시간 분량의 동영상이 업로드되고 있다고 합니다. 300시간은 12.5일에 해당합니다. 단 1분 만에 유튜브에서만 그만큼의 동영상이 새로이 생성되고 있다니, 상상조차 하기 힘들죠.

인터넷 동영상이 아니더라도 우리는 하루 종일 엔터테인먼트에 둘러싸여 있습니다. 모바일 콘텐츠와 TV 콘텐츠, 신문·잡지·소설, 영화, 음악, 게임, 노래방, 파티도 엔터테인먼트이고 주말에 하는 바비큐와 캠핑도 모두 엔터테인먼트에 해당합니다.

이렇게 흥미로운 엔터테인먼트가 넘쳐나는 세상인데, 캠페인과 이벤트에 오락성을 살짝 가미한다 해서 누가 거기에 관심이나 가질까요?

설사 본다고 하더라도 과연 기억이나 할까요? '자사 홈페이지에 재미있는 기사나 동영상을 올려 관심을 끌어보자'라는 제안이 자주 나오는데, 이러한 환경 속에서 기업 광고를 보려고 군이 자사 홈페이지를 찾아 들어오는 사람이 몇이나 되겠습니까? 그렇게 쉽게 화제가 될 리 만무하죠. 설령 다소 화제를 모았다 하더라도 그것을 기억해주는 사람이 과연 몇이나 될지, 진지하게 검토해보는 것이 좋습니다.

한편, 이런 상황 속에서도 흥미를 느끼고 일부러 찾아와주는 사람이 있습니다. 바로 그 기업이나 브랜드, 상품의 '팬'입니다. 신규고객에게 자사 상품을 홍보하기란 지극히 어려운 일이지만, 팬은 브랜드와 상품 동향에 관심을 갖고 있습니다. 그 점에 포커스를 맞추는 것은 엔터테인먼트 분야의 정공법입니다.

• SNS도 극히 일부에서만 화제가 되고 있다

버즈 마케팅은 이미 아주 효과적인 수단으로 알려져 있고, 실제로 'SNS를 자주 이용하는 사람'에게 정보를 전달하는 하나의 수단이기도 합니다. 하지만 안타깝게도 일본은 아직 SNS 보급률이 낮은 편이라 극히 일부에만 확산될 뿐입니다.

[도표 11]은 닐슨이 발표한 조사 결과입니다. 스마트폰 이용 현황을 조사한 것인데, 이용률 면에서는 일반화가 가능할 것으로 보이니 일반화하여 설명하겠습니다.

위에서 두 번째 칸에 SNS가 있는데, 이는 '22%에 불과한 헤비유저의 이용시간이 SNS 총 이용시간의 82%를 차지한다'는 의미입니다. 즉,

서비스를 이용하는 전체 헤비유저의 점유율과 이용 시간(2016년 5월)

서비스	헤비유저 수	헤비유저의 이용 시간
전체 스마트폰 이용자	20%	50%
SNS	22%	82%
LINE	19%	60%
유료 동영상	19%	85%
무료 동영상	22%	88%
블로그	18%	85%
신문기사	19%	73%
뉴스 큐레이션	18%	79%
잡지 큐레이션	16%	76%
EC	19%	72%
옥션·프리마켓	21%	90%

＊ 스마트폰은 Nielsen Mobile NetView 브라우저 및 앱 이용(LINE, SNS, 동영상은 앱만을 대상으로 함)
자료: http://www.nielsen.com/jp/ja/insights/reports/nielsen-digital-rends-2016-first-half.html

SNS 이용자의 약 20%에 해당하는 헤비유저가 총 이용시간의 약 80% 를 점유하고 있다는 것이죠(파레토 법칙). 나머지 80%의 이용자는 SNS 를 별로 이용하지 않았습니다.

최신 데이터에 따르면, 주요 SNS의 월간 액티브 유저(매달 1회 이상 사용하는 이용자)는 다음과 같습니다.

· 트위터: 4,500만 명(2017년 10월 현재)

- 페이스북: 2,800만 명(2017년 9월 현재)
- 인스타그램: 2,000만 명(2017년 10월 현재)

이러한 SNS의 총 이용시간 중 80%를 겨우 20%의 헤비유저가 점유하고 있는 겁니다. 가장 이용자 수가 많은 트위터의 경우, 20%라고 하면 900만 명입니다. 겨우 900만 명의 사람이 트위터 총 이용시간의 80%를 차지하고 있는 셈이죠.

일본의 총인구는 2016년 10월 기준으로 1억 2,693만 명입니다. 15세 이상으로 좁히더라도 1억 1,091만 명입니다.

그중 겨우 900만 명인 셈입니다. 총인구의 약 8%에 해당하죠. 나머지 92%에 해당하는 1억 1,793만 명에게는 트위터상에서 떠들썩하게 화제가 되는 내용이 전달되지 않는다고 해도 과언이 아닙니다. 다시 말해, 단순히 '확산을 노리는 버즈 마케팅'은 그 효과가 한정적입니다. 그렇지 않아도 정보가 넘쳐나서 외면당하기 십상인 시대이므로, 버즈 마케팅이 생각보다 효과를 발휘하지 못하는 경우가 많습니다.

그러한 의미에서, 지금의 SNS는 '정보의 양을 늘리는 미디어'가 아닌 '정보의 질을 높이는 미디어'로 파악하는 편이 정확합니다. 불특정 다수에 확산시키기에는 아직 부족한 미디어지만(TV가 훨씬 더 효과적), 기업과 팬의 유대감을 공고히 하거나 다음에 다룰 '팬들의 유기적인 추천(입소문)을 이용한 바이럴 마케팅'에 활용할 때는 아주 효과적인 매체입니다. 즉, SNS야말로 팬 베이스 시책에 유용한 수단이지요.

SNS를 활발히 이용하는 22%의 헤비유저는 SNS 내에서 파급력이 대단하며, 상품을 친구에게 추천하기도 합니다(트렌드세터, 얼리어답터). 그들이 만약 상품의 '팬'이라면 주변에 미치는 영향은 그야말로 엄청날 겁니다.

• (여담) 도쿄는 별세계

참고로 일본에는 SNS뿐 아니라 인터넷 자체를 별로 활용하지 않는 사람이 의외로 많다는 점을 잠깐 살펴보고자 합니다.

[도표 12]는 야후가 발표한 '도도부현별 인구당 검색 수'인데, 놀랍게도 검색 기능을 활용하는 사람은 거의 도쿄에 집중되어 있습니다. 『내일의 플래닝』에서 아예 검색을 하지 않는 사람이 약 7,500만 명이라는 데이터를 소개한 바 있는데, 일본의 경우 '검색해서 정보를 찾는' 사

[도표 12] 일본의 도도부현별 인구당 검색 수

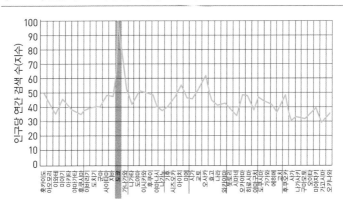

자료: 야후 검색 데이터 (2015년 1~12월, PC만을 대상으로 함)

람이 의외로 적으며 그마저도 도쿄에 몰려 있습니다.

검색 기능을 활용하지 않는다고 해서 인터넷을 사용하지 않는 것은 아닙니다. 이메일이나 LINE, 소셜 게임 등은 이용하고 있습니다. 다만 인터넷 정보를 활용하는 등의 방법을 이용하지 않을 뿐이지요.

스마트폰도 마찬가지입니다. 도쿄에 있으면 '이미 전 국민이 스마트폰을 사용하고 있는 것 아닌가?' 하는 생각이 들 정도이지만, 생각보다 이용자는 많지 않습니다.

스마트폰 이용자 수는 2017년 상반기에 6,193만 명입니다(닐슨 「Digital Trends 2017 상반기」에서 발췌). 이 조사는 18세 이상을 대상으로 한 수치이므로 실제로는 이보다 좀 더 많겠지만, 일본 전체를 봤을 때 대략 이 정도라 생각하면 됩니다. 게다가 [도표 11]에서도 알 수 있듯이, 헤비유저는 그중 20%에 불과한 1,238만 명 정도입니다.

물론 앞으로 SNS 사용이 더 확대되겠지만 활발히 사용하는 사람들이 보기에는 믿기 힘들 정도로 활용도가 낮은 상황입니다. 특히 도쿄에서 일하는 마케터나 기획자 중에는 그러한 사실을 모르고 '검색이 일상화되었고 다들 SNS를 하니, 이제는 당연히 스마트폰을 공략해야 한다'라고 생각하는 사람이 많은데, 일본 전체를 보면 전혀 그렇지 않다는 사실에 주의해야 합니다. 도쿄는 그야말로 별세계입니다.

참고로 인터넷을 별로 활용하지 않는 사람은 어떻게 생활하고 있을까요? 주위에서 인터넷을 하지 않는 사람, 이를테면 조부모나 부모, 상사를 떠올려봅시다. 그들이 마치 도인처럼 아예 미디어와 단절된 생활을 하는 것은 아닙니다. 단순히 인터넷이 보급되기 전, 즉 매스미디어

전성기 때와 같이 생활하고 있을 뿐이죠.

다시 말해, TV 등의 매스미디어를 중심으로 한 '기존의 캠페인'이 더 효과적이라는 의미입니다.

물론 그들도 시대적 변화를 겪고 있습니다. 인구 급감과 초고령화 문제 등은 대도시가 아닌 지역에서 더 심할 테죠. 따라서 신규고객은 급격히 감소하고 있으나, 매스캠페인은 여전히 효과적인 상황입니다.

그것을 역이용하여 주로 도시가 아닌 지방에서 매스캠페인을 실시하면 상당히 효과적입니다. 특히 TV 광고 송출료가 도시보다는 지방이 훨씬 저렴하기 때문에 그만큼 예산에 여유가 생깁니다. 그렇게 남은 예산을 도시권 및 지방에 사는 팬을 대상으로 하는 팬 베이스 시책에 사용하는 겁니다. 이에 관한 내용은 제5장에서도 살짝 다룰 예정입니다.

마지막에 여담을 잠깐 했지만, 이상으로 세 가지 관점에서 '신규고객 유치를 목적으로 한 단기·단발성 시책이 더 이상 효과가 없는 이유'를 살펴보았습니다. 이 변화를 진지하게 받아들일 필요가 있는데, 아마도 읽으면서 '효과가 없을 만하네'라는 생각이 절로 들었을 것입니다.

그리고 이미 말했듯이 팬 베이스라는 개념은 상대적으로 그 중요성이 날마다 커지고 있습니다. 아니, 절대적으로도 중요성이 커지고 있지요. 팬은 '새 팬(때로 신규고객을 말하기도 함)'을 만들어줍니다. 점점 가혹해지는 마케팅 환경 속에서 우리는 팬의 중요성에 주목할 필요가 있어요. 다음 챕터에서 그 부분을 짚어보고자 합니다.

팬이 새 팬을
만들어준다

친구의 추천만큼 강력한 것도 없다

저는 가부키를 꽤 좋아합니다. 일 년에 한두 번 정도이긴 하지만, 가부키를 보기 시작한 지도 벌써 20년 정도 되었네요.

하지만 이치카와 엔노스케(가부키, 드라마, 영화 등에서 유명한 연기파 배우-옮긴이)의 〈슈퍼가부키Ⅱ 원피스〉를 볼 생각은 눈곱만큼도 없었습니다. 원작 만화 『원피스』는 최근에 나온 신간까지 다 보았거든요. 그렇기 때문에 더더욱 그 명작을 가부키로 만들었다는 사실에 거부감이 들었지요. 원작보다 별로면 별로지, 더 나을 리가 없다고 생각했기 때문입니다.

그래서 홍보 포스터와 기사를 보거나 모르는 사람들이 트위터에서

호평을 쏟아내도 전부 다 무시했습니다. 갈 생각도 없었을 뿐더러 관심도 없었죠. 엔노스케는 좋아하지만 거기에 돈을 쓰느니 차라리 다른 곳에 써야겠다고 생각할 정도였어요. 친구가 극찬하기 전까지는 말입니다.

그렇습니다. 친구가 SNS에 가부키 〈원피스〉를 입에 침이 마르도록 극찬한 거예요. '대작 중의 대작!', '당장 예매해라!', '가능하면 가장 좋은 자리로!', '놓치면 평생 후회!', '나를 믿어!'라며 진심으로 강력히 추천했습니다.

아, 저는 크게 동요했고, 어느새 홈페이지에 들어가 구매 버튼을 누르고 있었습니다. 가장 비싼 좌석이 아직 몇 개 남아있기에, 그 친구를 믿고 '에잇, 나도 몰라!' 하는 심정으로 예매해버렸어요.

결과부터 말하자면, 〈원피스〉는 정말 놓치면 평생 후회할 만큼 훌륭한 공연이었습니다. 전 세계 어디에 내놓아도 손색이 없을 정도로 최고의 공연이라는 생각이 들어, 저 역시 SNS에 극찬하는 내용의 글을 올렸습니다. 부정적인 생각을 갖고 있던 사람이 갑자기 팬이 되어버린 것이죠.

막상 이렇게 되고 나니 홍보팀장이 따로 없었습니다. 친구를 만날 때마다 "야, 그거 봤어? 아직 안 봤어? 당장 가! 날 믿으라니까!" 하며 강하게 추천했죠. 친구들 역시 그동안 '원피스를 가부키로 한다고?'라며 의구심을 품었지만 제 안목을 믿고 공연을 예매했습니다. 도쿄 공연의 좌석을 구하지 못해 오사카 공연, 후쿠오카 공연을 보러 간 사람도 있었을 정도였죠. 다들 '보러가길 정말 잘한 것 같아!', '이런 공연을 놓치지 않아서 다행이야!'라는 감동 섞인 메시지를 보내주었습니다.

세상에 정보가 넘쳐나기에
친구의 추천은 더 매력적

주위에 상품과 정보, 엔터테인먼트가 넘쳐나고 있는 요즘 같은 시대에 '나에게 딱 맞는 상품', '지금 나에게 도움이 되는 정보', '내 취향에 딱 맞는 엔터테인먼트'는 어떻게 찾을 수 있을까요?

아무리 검색해도 자신의 취향에 딱 맞는 가부키를 찾기란 쉽지 않습니다. 포스터를 봐도, SNS 타임라인에 올라온 홍보글을 봐도, 자신의 취향에 맞을지는 전혀 알 수가 없죠.

하지만 친구가 추천한다면 이야기는 달라집니다. 왜냐하면 대체로 친구란 '가치관이 비슷한 사람'이기 때문이죠. 가치관이 비슷한 친구가 좋아하는 콘텐츠는 자신도 좋아할 가능성이 높고, 가치관이 비슷한 친구가 애용하는 물건은 자신도 애용할 가능성이 높으며, 가치관이 비슷한 친구가 열중하는 것에는 자신도 열중할 가능성이 높습니다. 수많은 정보가 모래폭풍처럼 휘몰아치고 있는 요즘 같은 시대에, 이렇게 고마운 일이 또 있을까요?

물론 예전부터 입소문의 위력은 이미 잘 알려져 있습니다. 실제로 구매한 사람, 체험한 사람의 말은 강력한 힘을 지니고 있죠. 자기들에게 유리한 정보만 늘어놓는 기업 광고보다 훨씬 설득력이 있을 뿐 아니라, 그 상품이 실제로 어떤지도 잘 알 수 있고 말입니다.

하지만 그 위력과 중요성이 지금처럼 컸던 적은 없습니다.

바꿔 말하면, 요즘처럼 '기업에 유리한 일방적인 정보'를 사람들이 그대로 수용하지 않는 시대는 없었다는 의미입니다. 따라서 가치관이 비슷한 친구의 추천만큼 효과적인 것도 없는 상황입니다.

'취향이 비슷한 친구'는 최강의 미디어

'에이, 친구라고 해서 반드시 가치관이 비슷하다고 할 수는 없지'라고 생각한다면, 그중에서도 특히 '취향이 비슷한 친구'에 주목해봅시다. '유유상종'이라 할 때의 그 '친구' 말이죠.

마케팅 필독서인 『그룹드Grouped: 세상을 연결하는 관계의 비밀』은 '취향이 비슷한 친구'에 대해 이렇게 설명합니다.

> 소셜 웹이 주목받으며 흔히 우리는 이제 더욱 다양한 계층의 사람들과 관계를 맺게 되었다고 생각하기 쉽다. 하지만 실제로 우리는 우리와 비슷한 사람들과 어울려 지낸다. '동종친화성Homophily'으로 알려진 이 원칙에 대해서는 다양한 연구가 수행되었는데, 그 결과 이 원칙이 소셜 네트워크를 구성하는 기본적인 양식의 하나로 밝혀졌다.

여기서는 '사람들 사이의 관계'에 대해 깊이 다루지 않았지만(관심 있

는 사람은 『그룹드』를 읽어보길 추천), 사람은 '친구=강한 유대(5~15명 정도)'
와 그에 준하는 '지인=느슨한 유대(50~500명 정도)'와 함께 살아가고 있
습니다.

당신 주변에도 분명 자주 어울리는 친구(강한 유대)가 있을 겁니다.
당신의 가치관이 변하면 그에 따라 매년 달라지긴 하겠지만요. 그들은
당신과 비슷한 부류이기 때문에 말이 잘 통하고 취미도 잘 맞습니다.
그래서 그들의 말에는 귀를 기울이죠. 취향이 비슷한 친구들의 체험과
의견은 자신에게 도움이 될 확률이 매우 높기 때문입니다.

그래서 그들이 어떤 상품을 '자기 말(누가 시킨 것이 아닌 본인들의 솔직
한 표현)'로 칭찬하면, 전혀 관심이 없던 상품이라 하더라도 '오, 그거 좋
아 보이네?'라는 생각이 듭니다. 자신이 고객이 되리라고는 생각지도
못했거나 약간 마음에 들긴 해도 사지 않은 상품이었는데, 자기도 모
르게 그 존재가 마음속으로 훅 들어오는 거죠.

저도 당시에 친구가 가부키 〈원피스〉를 '자기 말'로 극찬했기 때문
에, 갈 마음도 전혀 없으면서 '쟤가 저렇게까지 말할 정도면 정말 괜
찮은가 보다'라는 생각에 바로 티켓을 구입한 겁니다.

가부키뿐 아니라, 주위를 둘러보면 혼자만의 판단으로 산 상품보다
친구들의 추천으로 산 상품이 더 많을 정도입니다. 그만큼 이 시대에
'내게 맞는 상품'을 잘 만날 확률은 낮습니다. 애초에 정보가 너무 많아
제대로 찾지도 못할 뿐더러, 선택조차 힘들 정도로 상품의 가짓수가 많
아 혼란스럽기 때문입니다.

그런 의미에서 가치관이 비슷한 친구는 TV와 인터넷을 능가하는 최

강의 미디어이며, 그 친구들이 '자기 말'로 표현한 실제 체험후기는 이 가혹한 정보환경에서 아주 귀중한 정보원이라 할 수 있습니다.

팬은 취향이 비슷한 사람을 팬으로 끌어들인다

여기서 말하는 '자기 말'은 '유기적_{Organic} 표현'입니다.

이 말은 오가닉 푸드 등에서 사용되는 'Organic(유기적인)'이라는 표현에서 온 것입니다. 오가닉 푸드는 화학 비료를 쓰지 않은 자연 식품을 말하기 때문에, '자연적 표현'이라 번역해도 무방할 겁니다. 누군가가 시킨 표현이 아닌 자기 안에서 나온 말, 가슴에서 나온 솔직한 진심이라는 의미에서요. '자기 말'이 자신과 취향이 비슷한 친구와 지인들에게 닿게 되는 것을 '유기적 도달_{Organic Reach}'이라 합니다.

이 유기적 도달이야말로 정보와 광고에 질린 사람들에게 '가장 강하게 어필할 수 있는(도달하는) 방법'입니다. 평소 같았다면 무시해버리기 쉬운 '기업에 유리한 일방적인 정보'도 취향이 비슷한 친구가 유기적으로 추천한다면 흘려듣지 않고 수용할 확률이 높습니다. 단기 캠페인과 단발성 시책도 친구가 '이런 게 있어!' 하며 추천하면 귀에 쏙쏙 박힐 것입니다.

그리고 그 친구들이 팬으로서 적극적으로 추천할 때, 그 추천이 열정적일수록 뇌리에 깊이 박힙니다. 구매로 이어질 가능성이 매우 높을

뿐 아니라, 친구처럼 팬이 될 확률도 아주 높지요.

특히 집, 자동차, 대형가전 등 구매할 기회가 드물거나 고액의 상품인 경우에는 친구의 말이 엄청난 영향력을 지닙니다. 자주 구매하는 것이 아니라서 신중할 수밖에 없고, 결정을 선뜻 내리지 못할 정도로 비싸기 때문입니다. 바로 이럴 때 가치관이 비슷한 사람의 말이 필요해집니다.

게다가 사람들은 자신이 좋아하는 것이 생기면 가까운 친구에게 말하고 싶어 견디지 못합니다.

팬이라면 (정도의 차이는 있지만) 가치관이 비슷한 사람들에게 자신이 좋아하는 상품을 추천하고 싶은 법이죠. "있잖아, 이거 너한테도 딱 좋을 것 같아"라며 추천하고 싶어 합니다. 그리고 그 영향력은 실로 엄청납니다. 한마디로 '팬은 취향이 비슷한 사람을 팬으로 끌어들인다'는 겁니다.

이제 남은 것은 '어떻게 하면 주변 사람들에게 추천하고 싶어지도록 만들 수 있을까?' 하는 점이겠죠? 아무리 팬이라고 해도 갑자기 대뜸 '나 이거 정말 좋아해! 완전 강력 추천!'이라고 말하기는 힘들 겁니다. 그랬다가는 이상한 사람 취급을 받을지도 몰라요.

팬이 유기적 추천을 할 수 있게 기회를 만들어줘야 합니다. 말하고 싶어지는 상황, 말하기 편한 환경을 만드는 겁니다.

팬 베이스에서는 그 점이 아주 중요합니다. 이것이 바로 '팬 베이스 시책'이며 제3장과 제4장에서 이에 대해 자세히 설명할 예정입니다.

팬은 자신이 좋아하는 것을 말하고 싶어
입이 근질거린다

사람은 누구나 자신이 좋아하는 것, 마음에 드는 것을 취향이 비슷한 친구에게 말하고 싶어 합니다.

이는 SNS에 국한되지 않습니다. 아니, SNS에 일부러 상품에 대해 적는 사람은 사실 그다지 많지 않고, 그보다는 오프라인으로 친구들을 만났을 때 말하는 경우가 많지요.

카페나 주점에서 이런저런 대화를 나눌 때, 함께 지하철을 타고 갈 때, 여러 명이 함께 무언가를 사러 편의점에 갈 때, 가볍게 나눌 수 있는 이야기이기 때문이에요. 그리고 그것은 취향이 비슷한 친구의 유기적 추천이기 때문에 상대의 뇌리에 확실히 남습니다.

이렇듯 취향이 비슷한 사람을 향한 팬의 유기적 추천은 외부의 영향을 받지 않고 자발적으로 이루어집니다. 오로지 자력으로 확산되며, 기업이 억지로 개입할 수도 없어요. 그야말로 통제가 불가능한 영역입니다.

단, 제3장에서 언급할 테지만 이러한 자발적인 연쇄 반응이 일어나는 계기, 상황, 환경을 만들 수는 있습니다. 팬이 유기적 추천을 할 수 있는 계기를 만들수록, 말하고 싶은 환경을 만들수록, 말하기 편한 환경을 만들수록 그들은 취향이 비슷한 사람들에게 더 활발하게 유기적 추천을 할 겁니다.

그리고 그 사람들은 또 자신과 취향이 비슷한 다른 사람에게 말할 테죠. 그러한 자발적 연쇄 시스템을 중장기적으로 구축함으로써 브랜드와 상품은 지속적인 인기를 얻을 수 있습니다.

'인간관계 사슬'의
폭발적인 파급력

하지만 실적에 대한 부담을 지고 있는 사람일수록 이런 생각을 할 수밖에 없습니다.

> '팬이 주위 사람들을 팬으로 끌어들인다는 건 잘 알겠어. 하지만 팬이 너무 적으면 각자 몇 명씩 더 포섭한들 매출에는 큰 영향이 없지 않을까?'

우선 파레토 법칙을 떠올려봅시다. 매출의 대부분을 책임지는 20%의 팬이 미미하지만 조금씩 팬을 늘려나간다고 생각해보는 거예요. 이는 매출과 직결되는 고마운 움직임이고, 이를 도와줄 팬 베이스 시책을 꾸준히 시행한다면 움직임의 속도는 점점 빨라질 것입니다.

또 '각자 몇 명씩 더 포섭한들'이라고 생각할 수도 있겠지만, 이는 생각보다 강력합니다. 소수에 불과한 사람들이 놀라울 만큼 빠른 속도로 확산되기 때문이죠.

[도표 13]을 통해 바이럴 마케팅의 구조를 살펴볼까요.

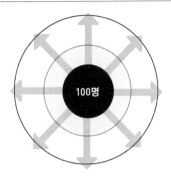

【1차 파급효과】
친구=1,000명(100명×10명)
지인=1만 3,000명(100명×130명)

【2차 파급효과】
친구=1만 명(1,000명×10명)
지인=6만 3,700명{(1만 3,000명×3%)×130명+1만 3,000명}

예를 들어 원 한가운데에 있는 100명의 팬이 자신과 취향이 비슷한 사람들에게 상품을 추천하고 싶어 한다고 해보죠. 각자 10명의 친구(앞서 나온, 강한 유대관계의 5~10명)에게 추천하면, 1,000명에게 강력한 유기적 도달이 이루어집니다. 또, 그 1,000명이 각자 친구 10명에게 추천하면 금세 1만 명까지 확산되지요. 강력한 힘을 지닌 유기적 추천이 순식간에 100명에게서 1만 명으로 퍼져나간 것입니다. 이는 오프라인이나 SNS나 마찬가지입니다.

이것을 지인(느슨한 유대관계의 50~100명)에게까지 적용했을 때, 만약 주로 실명으로 등록하는 페이스북의 경우라면 가운데에 있는 팬의 유기적 표현은 130명(페이스북이 발표한 전 세계의 평균 친구 수)의 친구와 지인에게 전파됩니다(항상 그렇지 않을 수도 있습니다). 100명×130명=1만 3,000명이겠죠. 가령 1만 3,000명의 3%가 진심으로 공감하여 피드를 공유한다면, 이론상으로는 6만 3,700명에게 유기적 도달이 이루어지는 셈입니다. 여기까지 걸리는 시간은 몇 초에서 몇 분 정도에 불과합니다. 길어봤자 수십 분이면 도달할 만큼 속도가 빠르죠. 그리고 그 6만 3,700명 중 3%가 공유한다고 가정하면, 유기적 도달이 이루어지는 대상은 31만 2,130명에 달합니다. 그중 3%가 또다시 공유를 하면 약 153만 명이 되고요. 이런 식으로 확산되는 것입니다.

물론 이것은 SNS를 활용하는 사람들의 경우이고, 이론상의 수치입니다. 현실에서는 조금 덜 확산되고, 조금 더 느릴 겁니다.

다만, 여기서 말하고 싶은 것은 겨우 100명의 팬에서 출발하더라도 '사슬처럼 얽힌 인간관계'의 연쇄적 반응을 통해 순식간에 수만, 수십만, 수백만 명에게 확산될 수 있다는 사실입니다. 게다가 기업이 일방적으로 내보내는 광고와는 달리, 믿을 수 있는 친구와 지인의 말을 통해 전해지는 거죠. 이것이 매출에 영향을 끼치지 않을 리가 없습니다.

[도표 14]에서 나타나듯, 유명인과 온라인상의 저명한 인플루언서(SNS 등에서 강한 영향력을 끼치는 사람)의 말보다 가족과 친구 등 '가치관이 비슷한 사람'의 말을 더 믿는다는 응답이 압도적으로 많다는 점에 주목해야 합니다. 유명인과 인플루언서의 말이 흥미를 유발하기는 하나, 신뢰도 면에서는 '강한 유대관계'를 절대 이길 수 없는 거죠.

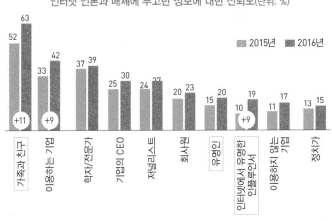

[도표 14] 누구에게 들었을 때 정보에 대한 신뢰도가 높을까?

일본에서 저자와 콘텐츠 제작자들이 SNS, 콘텐츠공유 사이트,
인터넷 언론과 매체에 투고한 정보에 대한 신뢰도(단위: %)

자료: 2016 에델만 트러스트 바로미터 일본 조사 결과

B2B에서도 팬의 추천은 통한다

팬이라고 하면 B2C Business to Consumer(기업과 소비자 간의 거래)만 떠올릴 수 있는데, 사실 팬의 유기적 추천은 B2B에서도 지대한 영향을 미칩니다. B2B의 경우 결재자와 담당자가 핵심 인물인데, 그들은 해당 제품을 이미 쓰고 있는 타 기업의 후기에 큰 영향을 받습니다.

일반적으로 '동업자는 경쟁관계에 있기 때문에, 어느 회사 제품을 쓰고 있고 그것이 어떠한 결과를 가져왔는지 등을 타사에 비밀로 할 것'이라고 생각하기 쉽지만, 전혀 그렇지 않습니다. 보통 담당자끼리 긴밀히 연계하는 경우가 많고, 공동연구회 등도 자주 열고 있죠. 오히려

B2B업계가 훨씬 더 정보 교류에 힘을 쏟고 있다고 말해도 과언이 아닙니다.

게다가 B2B업계는 파레토 법칙이 상당히 잘 들어맞는 업계이기도 합니다. 제3장부터 나올 팬 베이스 시책은 B2C의 관점에서 쓴 것이 대부분이지만, B2B에 응용하면 어떠할지 생각하며 읽어주길 바랍니다.

이상으로 팬이 '새 팬'을 만드는 이유와 구조를 분석해보았습니다. 팬이 팬을 부르며 자발적 연쇄 반응을 통해 팬의 수를 늘리는 것, 그리고 이러한 상태를 유도하는 것이 바로 팬 베이스의 목표이기도 합니다.

팬 베이스를 기반으로 한 개념은 일반적으로 '고객 유지'에 효과적이라고 생각할 수 있습니다. 물론 그런 측면도 큽니다. 하지만 지금까지 설명한 것처럼 '신규고객 유치'에도 엄청난 효과가 있으며, '취향이 비슷한 사람에게 미치는 영향력'이라는 의미에서는 그야말로 따라올 자가 없습니다.

그러한 의미에서 단기·단발성 시책 관련 예산이 적은 기업과 사업 규모가 작은 기업, 지역과 연계하여 사업을 추진하는 기업, 브랜드파워가 강한 기업, 이미 코어팬이 많은 기업, 인기 상품이 있는 기업 등은 현재 있는 팬에게 집중하여 중장기 팬 베이스 시책만을 가지고 사업을 전개할 수도 있습니다. 또 그렇게 하는 것이 효과적이리라 생각합니다.

단, 제1장에서도 언급했듯이, 단기·단발성 시책이 필요한 기업이 많다는 것 또한 분명한 사실입니다.

전국적으로 사업을 전개하는 대규모 기업의 경우, 단번에 인지도를 확대할 수 있는 단기 캠페인 등의 필요성도 여전히 유효합니다. 또한 아직 팬이 없는 무명의 신상품과 팬이 유기적 추천을 하기 힘든 콤플렉스 상품˚ 등 팬 베이스 시책만으로는 어려운 경우도 있죠.

이러한 경우 단기·단발성 시책을 통해 불특정다수가 접할 수 있게 만드는 것이 효과적이라고 생각하지만, 제1장에서 언급했듯이 아무래도 요즘 같은 시대에 단기·단발성 시책만으로는 힘든 것이 사실입니다. 단기·단발성 시책과 중장기 팬 베이스 시책을 조합하는 방법에 대해서는 제5장에서 다룰 예정입니다.

일단 그 전에 제3장과 제4장에서 구체적인 팬 베이스 시책을 살펴보려 합니다. 어떠한 방법이 있고 어떻게 접근하면 좋을지, 실제로 꼼꼼히 짚어본 후에 단기·단발성 시책을 조합하는 방법을 알아봅시다.

˚ **콤플렉스 상품**이란 사람들의 열등감에 호소하는 상품으로 다이어트, 미용, 가슴 확대, 탈모치료 등 분야가 다양합니다. 이러한 상품은 상황이나 개인의 성격에 따라 다르겠지만, 직접 사용하는 팬들도 친구에게 선뜻 권하기가 힘들죠. 그래서 팬 베이스를 적용하기에는 부적합하다고 생각할 수도 있는데, 팬이 직접 추천하긴 힘들지 몰라도 부모나 가족 등 '상대의 상처를 건드릴 수 있는 사람'의 추천은 강력한 영향력을 지닙니다. 즉, '홍보 타깃'을 부모나 가족 등으로 바꾸어 그들을 팬으로 포섭하는 팬 베이스 시책을 펼치는 것이 좋습니다. 또 제3장 이하에서 다룰 팬 베이스 시책은 '환경 정비'라는 측면도 크기 때문에, 상품에 대한 호감도를 끌어올리는 것도 충분히 가능합니다.

FAN BASE

팬의 지지를 강화하는
세 가지 접근법
– 공감·애착·신뢰

팬은 전체의 20% 정도에 불과하다. 그런 소수의 팬의 지지도를 높여 LTV를 조금씩 향상
시키는 방법이 바로 팬 베이스 시책이다. 그를 위해서는 '공감, 애착, 신뢰'의 세 가지 접근
법이 필요하다. 그리고 이러한 방법을 이용하면, 단기·단발성 시책 등을 통해 '입덕*'의 경
계선'에 선 사람을 팬으로 만들 수 있다.

*입덕: 한자 '入(들 입)'과 '오타쿠'의 한국식 발음인 '오덕후'의 '덕'을 합쳐 만든 신조어로, 어떤 분
야에 푹 빠져 마니아가 되기 시작했다는 뜻이다.

팬은 생각보다 훨씬 더 적다

이제부터 팬 베이스 시책에 대해 구체적으로 살펴볼 텐데, 먼저 한 가지 주의할 점이 있습니다.

앞에서도 살짝 언급했는데, 팬은 소수입니다.

'파레토 법칙'이 대개의 경우 옳다는 것을 전제로 하는데, 팬은 상품을 구매한 사람의 20% 정도에 불과합니다. 구매자가 5명이면 그중 1명이 팬인 셈이죠. 다시 말해, 소수파입니다. 소수파인 20%의 사람을 중시하여 키워나간다는 개념이 바로 팬 베이스입니다.

그리고 팬 베이스 시책을 시행할 때 가장 저지르기 쉬운 실수는 '모든 사람이 팬이 되었으면 좋겠다'라고 바라는 것입니다.

모두에게 사랑받고 싶은 마음도 당연하죠. 애초에 '고객 니즈 해결'을 위해 개발된 상품이니, 모두의 니즈를 해결하고 싶다는 그 마음도 충분히 이해합니다. 모두가 애용하길 바라는 마음일 테죠. 하지만 안타깝게도 그런 일은 불가능합니다. 사람들의 가치관이 저마다 다르기 때문입니다. 경쟁사를 좋아하는 사람도 당연히 있을 거예요.

예를 들어, 학창 시절을 떠올려보세요. 한 반에서 '나와 가치관이 비슷하네', '뭔가 나랑 잘 맞아' 하고 생각하며 친밀함을 느끼는 친구는 아주 극소수이지 않았나요? 사람에 따라 다르겠지만, 가령 정원이 40명인 반이라면 10명도 채 되지 않았을 겁니다. 대략 20% 정도겠지요. 그중에서도 유독 마음이 잘 맞아, 아주 친해진 친구는 20%의 20%인 4%(정원 40명 중 2명 이하) 정도가 아닐까 싶습니다.

당신이 소중히 여기는 가치를 지지해주는 팬도 이와 비슷하다고 생각하면 됩니다. 그 20%의 사람이 팬이고, 약 4%의 사람이 코어팬을 의미합니다.

정말 적지요? 상품군에 따라서 다르기도 하지만, 앞쪽 [도표 5]의 음료 브랜드처럼 마케팅 전략과 브랜드파워 등으로 40%의 팬을 보유하고 있는 경우도 있습니다. 하지만 대개는 그 수가 상당히 적습니다.

팬은
소수 > 코어팬은
            극소수!

같은 반 학생 전원에게 호감을 얻기 위해 행동했다가는 오히려 자기와 정말로 잘 맞는 사람은 찾지도 못할 뿐더러, 이미 친한 친구가 있는 경우라면 그 친구들마저 떠나버릴 거예요. 즉, '모두를 팬으로' 만들려고 하면 오히려 팬이 생기지 않고, 지금 있는 팬마저 외면할 가능성이 있다는 의미입니다.

경험상 특히 제조업체 중에는 상품에 애정을 너무 쏟은 나머지 '상품을 구매한 사람=모두 팬'이라고 생각하는 경우가 많습니다. 다시 한번 말하지만, 팬은 구매자의 20% 정도입니다. 이는 팬 베이스의 기본이 되는 부분이므로, 앞으로도 몇 번 더 언급할 예정입니다.

소수의 팬의 지지를 더욱 강화하는 방법

그렇다면 그 소수의 팬에게 사랑받으려면 어떻게 해야 할까요? '중시하는 가치'에 대한 그들의 지지를 더욱 공고히 다져야 합니다. 그러기 위해서는 다음의 세 가지가 필요합니다.

<팬의 지지를 강화하기 위한 세 가지 법칙>
- 가치 자체를 향상시킨다
- 그 가치를 대체 불가능한 것으로 만든다
- 그 가치를 제공하는 측이 좋은 평가 및 평판을 얻게 한다

너무 개념적인 표현이니 좀 더 알기 쉬운 사례를 들어볼게요.

예를 들어, 어느 카페가 '내 집 같은 편안함'이라는 가치를 중시한다

고 해봅시다. 그러면 어떻게 해야 이 카페를 찾는 단골의 지지를 강화할 수 있을까요?

첫째, '내 집 같은 편안함'이라는 가치 자체를 높여야 합니다.

'아, 이런 분위기 너무 좋아'라며 그 가치에 매력을 느끼고 카페를 찾는 단골의 의견에 열심히 귀 기울이고 개선할 부분은 개선하여 그들을 만족시켜야 하죠. 즉, 단골의 입장이 되어 가치에 대한 그들의 '공감'을 강화할 필요가 있습니다.

둘째, 다른 카페에서도 얻을 수 있는 '내 집 같은 편안함'이라는 가치를 당신의 카페에서만 느낄 수 있는 특별한 체험으로 바꾸어야 합니다. '내 집 같은 편안함'은 다른 카페도 제공할 수 있는 가치입니다. 그 가치를 원하는 고객의 입장에서는 어떤 카페이든 상관없어요. 하물며 다른 카페가 그 가치를 벤치마킹하고(모방하고) 거기에 부가가치까지 창출한다면 고객은 그리로 옮겨갈 것이 뻔하겠지요.

그렇기 때문에 가능한 한 빨리 그 가치를 '당신의 카페에서만 느낄 수 있는 특별한 체험으로 만들어야' 합니다. 그러려면 '무엇으로도 대체할 수 없다'라는 감정을 느끼게 하는 것이 중요합니다. 당신의 카페가 아니면 절대 안 된다는 생각을 갖게 하는 겁니다. 그것이 바로 '애착'이라는 감정입니다. 즉, 다른 것으로 대체할 수 없다고 느끼는 '애착'이라는 감정을 강화할 필요가 있습니다.

셋째, 그 가치를 제공하는 당신에 대한 평가와 평판을 끌어올려야 합니다.

아무리 제공하는 가치가 훌륭하다 하더라도, 제공하는 측(사장, 세

프, 직원)에 대한 평가와 평판이 좋지 않다면 고객이 떨어져나갈 뿐 아니라, 믿고 찾아준 단골도 '저런 인간이 운영하는 가게에 가는 놈'이라고 평가 절하될 것입니다.

반대로 평판이 좋으면 당신이 제공하는 '내 집 같은 편안함'이라는 가치도 빛을 발하게 되는데, 이는 그 가치를 중시하는 단골에게 기쁨을 줄 수 있습니다. 평가 및 평판은 하루아침에 좋아지는 것이 아닙니다. 평소의 행동과 노력을 바탕으로 쌓아 올린 '신뢰'가 필요하죠. 다양한 노력을 통해 고객들의 '신뢰'를 강화할 필요가 있습니다.

말하자면 이런 식입니다.

- 가치 자체를 향상시킨다 → '공감' 강화하기
- 그 가치를 대체 불가능한 것으로 만든다 → '애착' 강화하기
- 그 가치를 제공하는 측이 좋은 평가 및 평판을 얻게 한다
  → '신뢰' 강화하기

이 세 가지를 꾸준히 강화해나가는 것이 중요합니다.

단골을 떠올리면 이해하기 쉽다

앞에서 카페 단골을 예로 들었는데, 팬 베이스 시책을 구체적으로 살펴볼 때 '팬=단골'이라고 생각하면 이해하기 쉬우므로 계속 가게 단골을 예로 들어 설명하겠습니다.

즉, 팬 베이스 시책이란 당신의 가게를 찾는 단골을 소중히 여겨 그들의 LTV를 높이는 것, 그리고 새 단골을 하나둘씩 만들어나가는 것입니다.

단골은 소수에 불과합니다. 주변에 카페와 바를 운영하는 친구들의 이야기를 들어보아도, 다들 입을 모아 '단골은 10~30% 정도'라고 말합니다. 그 단골이 매출의 약 80%를 책임지는 주축이라는 점도 공통적이죠. 당신의 가게가 중시하는 가치를 지지하고 좋아해서, 가게에 와 기꺼이 돈을 지불하는 사람은 대략 20% 정도에 불과한 소수입니다.

반대로, 대중적으로 사랑받기 위해 가게 인테리어, 메뉴, 서비스 등을 바꾸거나 하면 가게의 '가치'를 좋아해서 찾았던 단골은 발길을 끊을지 모릅니다. 가게는 이리저리 옮겨 다니는 유동층으로 인해 일시적인 호황을 맞겠지만, 결국 다른 가게와의 저가경쟁에 내몰려 끝없는 소모전에 피폐해진 나머지 문을 닫게 될 것입니다.

기존 단골과 새로운 단골
모두를 붙잡으려면?

[도표 15]는 홍보 타깃에 따라 접근법을 나누어본 것입니다.

마케팅 전략을 세울 때 중요한 점은 먼저 '홍보 타깃이 누구인가'를 생각하는 것입니다. 그래서 홍보 타깃을 위에서부터 하나씩 적은 뒤 어느 단계에서 어떻게 접근하면 좋을지를 정리해보았습니다.

팬 베이스의 핵심 타깃은 '현재 우리 가게를 찾아주는 단골'입니다. 이제 막 개점한 상황이라면 힘들겠지만, 얼마간 꾸준히 장사를 하다 보면 '여기, 되게 괜찮다'라며 가게를 찾아주는 고객이 반드시 생기죠. 그가 바로 단골이에요.

약 20% 전후에 불과한 그들을 계속 단골로 남게 만드는 것. 그리고 그들과 깊은 관계를 맺어 더 자주 찾도록 하는 것(LTV 상승). 이것이 바로 핵심 전략입니다.

다음으로 중요한 점은 그렇게 좀 더 깊은 관계를 맺게 된 단골 중 극소수를 '초단골'로 만든 뒤, 그들을 소중하게 관리하여 LTV를 높이는 것입니다. 이 두 가지만으로도 가게 수익은 안정적으로 늘어날 겁니다.

[도표 15] 홍보 타깃에 따른 접근 방법

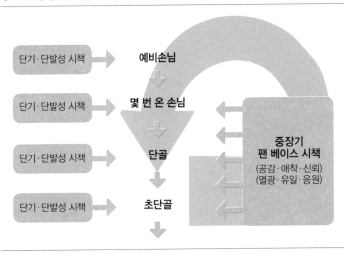

단, 매장 확대나 매출 상승이 목적이라면, '새 단골을 늘리는' 접근법도 필요합니다. 여기에는 두 단계가 있습니다. 아직 한 번도 온 적이 없는 '예비 손님'이 그 가게를 찾도록 하는 접근법과 '몇 번 온 손님'을 잘 관리해 단골로 만드는 접근법입니다.

도표를 보면 위에서부터 네 부류의 '홍보 타깃'이 있습니다.

- 예비손님
- 몇 번 온 손님
- 단골
- 초단골

첫 번째 '예비손님'에게는 주로 단기·단발성 시책을 통해 접근하고, 나머지 세 부류는 중장기 팬 베이스 시책을 중심으로 하여 시간을 두고 접근합니다. 다만, 단기·단발성 시책은 나머지 세 부류에게도 효과적입니다. 예를 들어, '예비손님' 유치를 위한 전단지 등의 단기·단발성 시책이 그 가게의 가치를 잘 표현하고 있다면, 단골과 초단골도 기뻐하며 지지를 보낼 것입니다.

도표에서 휘어진 화살표는 유기적 도달을 나타냅니다.

단골과 초단골이 예비손님에게 가게를 추천하고 몇 번 정도 데리고 오는 거죠. 그리고 그 예비손님은 단골이 될 확률이 높습니다. 이것이 제2장에서 말한 '팬이 새 팬을 만드는' 과정이에요.

이해가 쉬울 것 같아 단골의 비유를 들어 설명했는데, 이를 팬에 적

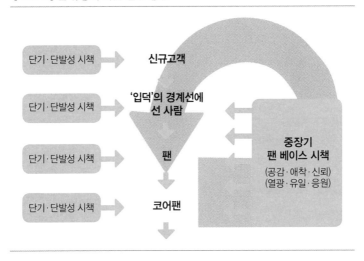

용해 일반화하면 [도표 16]이 됩니다.

네 부류의 '홍보 타깃'을 기반으로 전략을 짠다면, 중장기 팬 베이스 시책은 크게 두 가지로 나눌 수 있습니다.

· 팬의 지지를 강화하는 접근법 세 가지
⇒ 팬의 LTV를 높여 새 팬을 만드는 '공감·애착·신뢰' 전략

· 팬의 지지를 한층 더 강화하는 업그레이드 방법 세 가지
⇒ 팬을 코어팬으로 만들어 LTV를 높이는 '열광·유일·응원' 전략

전자는 기본적으로 '이미 팬인 사람'을 위한 방법입니다. 단, 그 방법은 기업이나 브랜드, 상품이 중시하는 '가치'를 높여주기 때문에, 이미 그 가치에 호감을 갖기 시작한 '입덕의 경계선에 선 사람(예비 팬이자 잠재적 팬)'에게도 효과가 있습니다. 그렇게 그들을 새 팬으로 만들어가는 것입니다. 이와 관련해서는 이 장에서 함께 살펴보고자 하겠습니다.

구체적으로는 '공감', '애착', '신뢰'를 각각 강화해나가는 전략입니다. [도표 17]에 한눈에 볼 수 있게 정리해보았습니다.

후자인 '팬의 지지를 한층 더 강화하는 업그레이드 방법 세 가지'는 이미 팬인 사람을 한층 더 열정적인 코어팬으로 만드는 방법입니다. 공감을 '열광'으로, 애착을 '유일'로, 신뢰를 '응원'으로 업그레이드할 필요가 있는데, 이는 제4장에서 설명할 예정입니다.

그러면 우선 '공감'부터 구체적으로 살펴볼까요.

공감　애착　신뢰

깊이 '공감'한다

- 팬의 말을 경청하고 포커스를 맞춘다
- 팬이라는 사실에 자신감을 갖게 한다
- 팬을 만족시키고 신규고객보다 우대한다

깊은 '애착'을 맺는다

- 상품에 스토리와 드라마를 입힌다
- 팬과의 접점을 중시하고 개선한다
- 팬이 참여할 수 있는 기회를 늘려 활기를 불어넣는다

깊은 '신뢰'를 얻는다

- 작은 분노가 쌓이지 않도록 한다
- 기업이 하는 일을 자세히 보여주고 정성을 다해 소개한다
- 직원의 신뢰를 중시하여 직원을 '최강의 팬'으로 만든다

01

깊이 공감한다

당신의 기업이 '중시하는 가치'는?

공감이란 쉽게 말해 '그래, 바로 그거지!' 하며 무릎을 탁 치는 듯한 감정입니다.

팬은 이미 기업이나 브랜드, 상품이 중시하는 가치에 공감하고 있지요. '그거야, 그거!', '이런 게 좋더라!', '역시 잘 아는군!' 하며 강하게 수긍하고 있어요. 그러한 공감 포인트를 강화하여 중시하는 가치 자체를 높여나가야 합니다. 그렇게 해야 팬의 마음을 붙잡을 수 있으며 LTV가 상승할 수 있습니다.

그리고 공감을 강화하면, 아직 팬이라 할 수는 없지만 '입덕'의 경계선에 있는 사람이 그 가치를 깨닫게 됩니다. '이거 꽤 괜찮은데?', '어?

왠지 잘 쓸 것 같아', '왠지 요즘 이게 마음에 들더라' 등과 같은 생각이 들 겁니다. 이게 바로 '공감 강화' 전략입니다.

하지만 애초에 자신의 기업이나 브랜드, 상품이 중시하는 가치가 무엇인지 명확하게 알지 못하는 기업도 많습니다.

사명과 비전, 기업이념, 창업자의 말 등에 그 힌트가 있다고는 하지만, '그럼 그게 바로 당신들이 중시하는 가치이고, 팬이 지지를 보내는 가치인가?' 하고 물었을 때 자신 있게 답하지 못하는 경우도 있을 겁니다. 그렇다고 해서 사내 프로젝트 팀을 만들어 가치를 다시 정하거나 하면 발전이 없고요. 또 지금 이 책을 읽고 있는 당신이 근무하는 부서가 정할 수 있는 문제가 아닐지도 모르고, 그것을 회사 차원에서 명문화하기까지 몇 년이나 걸릴 수도 있습니다.

그러므로 그 가치가 무엇인지 명확하게 답할 수 없다면, 팬들의 말을 경청하는 것부터 시작하기를 추천합니다. 우선 팬이 된 사람들이 어떠한 가치를 중시하는지 파악하고, 거기서부터 거꾸로 '당신의 기업이나 브랜드, 상품이 중시하는 가치'가 무엇인지를 파악해보는 거죠.

이를 위해서 첫 번째로 하는 게 바로 '경청'입니다. 그리고 두 번째, 세 번째 액션으로 넘어갈수록 우리가 얻고자 하는 게 점점 더 명확해질 것입니다. 그것을 사내 전체에 공유하면, '중시하는 가치'도 공유할 수 있습니다. 정공법은 아니지만 저는 이러한 접근법을 추천합니다.

그럼 이제부터 이러한 순서로 더 알아보기로 하죠.

(1) 팬의 말을 경청하고 포커스를 맞춘다

팬들이 하는 말 중에는 기업이 아직 깨닫지 못한 수많은 '공감 포인트'가 숨어 있습니다. 그 공감 포인트를 자세히 파악하는 것이 바로 팬베이스의 출발점입니다. 거기에 초점을 맞추고 수정 및 개선해나간다면 '가치'는 한층 높아질 것입니다.

(2) 팬이라는 사실에 자신감을 갖게 한다

팬은 의외로 자신감이 없습니다. 그러므로 다른 팬들의 유기적 표현을 쉽게 접할 수 있도록 하여 자신이 지지하는 '가치'에 자신감을 갖도록 해야 합니다. 그것은 공감을 강화하고 팬들의 유기적 추천이 활발히 이루어지게 만드는 효과가 있습니다.

(3) 팬을 만족시키고 신규고객보다 우대한다

신규고객이 아니라 그 '가치'를 지지하는 팬을 가장 우선시하는 자세를 명확히 보여주어야 합니다. 그리고 팬을 정성스레 대우하고 만족시켜야 하죠. 그것은 팬의 공감을 강화하고 가치에 대한 지지를 강화하는 효과가 있습니다.

그러면 이제부터 하나씩 차례차례 살펴보도록 합시다.

팬의 말을 경청하고
포커스를 맞춘다

우리가 사랑받는 이유는?

　이 부분은 팬 베이스 전략을 짜기 위한 전제라고도 할 수 있는 중요한 시작점입니다. 우선 당신의 기업이나 브랜드, 상품이 중시하는 가치, 즉 '팬이 지지하는 포인트는 무엇인가?', '팬이 공감하는 포인트는 무엇인가?', '사랑받는 포인트는 무엇인가?'를 제대로 파악해야 합니다.

　그것을 알지 못하면 팬의 호감도를 높여 LTV를 향상시키는 시책을 시행할 수가 없는데, 의외로 이러한 포인트를 간과하는 기업이 많아요. 기업과 상품을 중심에 놓고 타사 동향 및 시장 동향을 조사하여 '이런 걸 좋아하겠지?' 하며 아이디어를 내는 경우가 많고, 팬을 중심에 놓고 '팬들이 사랑하는 포인트'를 찾는 습관이 형성되지 않은 경우가 여전히 많기 때문입니다.

설문조사나 그룹 인터뷰를 통해서는 팬의 공감 포인트를 파악하기 힘들다는 점도 한몫하고 있습니다. 그건 왜 그럴까요? 사실 팬 스스로도 '무엇을 좋아하는지=자신이 지지하는 가치는 무엇인지' 확실히 알지 못하기 때문입니다. 그래서 조사를 통해 구체적인 질문을 던져도 애매한 대답밖에 돌아오지 않는 거죠.

그러면 대체 어떻게 해야 공감 포인트를 파악할 수 있을까요? 바로 '팬들끼리 만나게 해서 분위기가 무르익도록 만든 뒤 공감 포인트를 발견하도록 하는 것'입니다. 다시 말해, 일정수의 팬들이 모여 서로 소통하는 팬 미팅 자리를 만드는 것이 가장 좋습니다.

팬 미팅은 '좋아하는 이유'를
발견할 수 있는 장

취향이 같은 사람들이 모이면 분위기가 화기애애해집니다. 열광적인 팬들이 모이면 분위기는 훨씬 더 달아오르죠.

그 이유는 일반인과는 나누기 힘든 '마니악한 이야기=편애하는 이야기'를 할 수 있는 데다, '맞아! 나도 그게 좋더라!', '오, 그런 게 좋았구나, 신기하네', '나 말고도 그걸 좋아하는 사람이 있구나!' 등과 같이 서로의 생각을 말하는 과정에서 좋아하는 이유를 발견할 수 있기 때문입니다.

이러한 '편애'와 '발견'이야말로 팬 미팅의 핵심입니다. 이에 대한 이해가 없다면, 상품리뉴얼 등을 감행해 팬이 지지하던 편애 포인트를 없애버려서 팬을 잃을 수도 있습니다.

팬 미팅은 보물창고와 다름없습니다. 구매자의 약 20%에 해당하는 팬이 어떠한 경향을 보이고 어떠한 화제에 반응하며 무엇을 원하는지, 이를 모르고서는 팬 베이스 시책을 시행할 수 없지요. 기업은 팬 미팅을 열어 팬들이 어떤 점을 좋아하는지 정확히 파악하고 향후 구체적인 팬 베이스 시책에 반영시켜야 합니다.

때로, 아무리 일관성을 보이는 기업이라 하더라도 방향성이 조금씩 달라지는 경우를 종종 봅니다.

아마 수많은 팬을 보유한 소니가 그 전형적인 예일 겁니다. 소니는 팬이 많았습니다. 저도 그중 하나였고요. 하지만 소니는 조금씩 팬들이 떨어져나가는 것을 눈치 채지 못한 채, 기업 중심으로 '소니가 생각하는 소니만의 매력'을 추구했습니다. 그러다 언제부턴가 '팬들이 생각하는 소니만의 매력'을 잃어버리고 말았고, 팬들이 봤을 때 개악改惡이라 할 만한 방향으로 나아가고 말았습니다. 그렇게 오랜 시간이 흐르면서 팬들의 마음은 완전히 멀어졌고, 팬들과 함께 힘들게 쌓아온 브랜드 가치는 훼손되었습니다.

시대는 변화합니다. 가치관도 시대와 함께 변화하죠. 그렇기 때문에 더욱더 정기적으로 팬 미팅을 열어 팬과의 소통 기회를 늘리고, 시대와 함께 변화하는 팬들의 마음을 읽어 함께 '가치'를 변화·성장시켜나가는 것이 중요합니다.

눈여겨볼 만한
실제 팬미팅 사례

자, 그러면 실제로 어떻게 하면 좋을까요?

'팬'의 이미지를 구체적으로 그려볼 수 있게, 특별히 몇 페이지를 할 애하여 실제 진행 사례를 소개하고자 합니다. 회사 사정상 또는 예산 문제 등으로 갑자기 팬 미팅을 열기가 곤란한 경우에는 '직원 중에서 팬 심이 강한 팬'을 모아 사내에서 실험적으로 소규모 팬 미팅을 개최해보 는 것도 좋은 방법입니다(이와 관련해서는 제6장에서 다룰 예정).

우선 팬 미팅을 하려면 팬을 찾아야 하겠죠?

일단 홈페이지 등을 통한 공개 모집을 가장 먼저 생각할 수 있는데, '팬이 아닌 사람'이 단순히 흥미 때문에 팬 미팅에 참가할 수가 있습니 다. 그렇게 되면 '편애'과 '발견'이 생겨나지 않습니다. 그럴 때는 다소 귀찮을 정도의 설문조사를 의무적으로 하게 하는 등, 응모 절차를 까 다롭게 만들어 좀 더 팬심이 강한 사람을 모으는 것이 좋습니다.

또 팬들의 자발적인 참여를 유도하려면 자비로 참가하도록 하는 것 도 좋은 방법입니다(교통비 등을 지급하지 않음). 이는 제4장의 '가족' 부 분과도 관련이 있습니다.

제2장에서 소개한 가고메는 팬 미팅을 위해 도치기 현景 나스시오바 라 시市에 있는 자사 공장까지 팬이 자비로 찾아오게 했습니다. 그것도 평일에 말이죠. 또한 오가닉 코튼을 사용한 타월로 인기가 많은 기업 인 '이케우치 오가닉Ikeuchi Organic'은 에히메 현景 이마바리 시市에 있는 본사

까지 팬이 자비로 찾아오게 했습니다. 팬들은 전국에서 기쁜 마음으로 모였습니다. 두 기업 모두 그러한 부담을 이겨내고 그곳까지 찾아오는 열성팬을 소중하게 대했습니다.

그 외에 만약 이미 활발하게 운영되고 있는 팬 커뮤니티가 있다면 커뮤니티를 통해 모집을 하거나, NPS˚ 수치와 구매 금액, SNS에 올린 내용을 보고 판단하는 등 추첨 방식은 그야말로 다양합니다.

핵심은 팬 미팅에 오는 사람이 소수(20%)에 불과하다는 점을 기억하는 겁니다. 그 20%를 정확히 가려내야 한다는 점을 명심합시다.

참가인원은 약 20명부터 최대 약 50명까지가 분위기도 좋고 많은 의견을 들을 수 있어 적당합니다. 50명이 넘어가면 개개인의 의견이 묻혀버릴 수 있는 데다, 단순한 파티로 끝나버리는 경우가 많습니다. 그것은 그것대로 또 소중한 체험이 될 수 있는데, 뒤쪽에 가서 다시 언급하지요.

다음은 전형적인 팬 미팅 신행 사례입니다.

• 기업 측(상품 담당자)의 인사와 감사의 말로 시작

직책이 높은 사람이 나올수록 팬들은 자신들을 중요하게 생각한다는 생각에 기뻐합니다.

단, 팬은 팬이 아닌 사람을 민감하게 구분할 수 있기 때문에, 다소

˚　NPS란 'Net Promoter Score'의 약자로, 고객의 지속적인 이용 의사를 파악하기 위한 지표입니다. 팬심을 측정하는 지표라고 생각하면 되며, 제5장 후반에서 자세히 설명하겠습니다.

행사 체질이 아니더라도 '해당 상품을 진심으로 좋아하는 사람'을 내세워야 합니다.

이는 사회자도 마찬가지예요. 전문 MC를 고용하지 말고, 다소 더듬거리더라도 직원 중에서 팬심이 강한 사람에게 사회를 맡겨야 팬들의 공감을 살 수 있습니다.

그리고 먼저 감사를 표해야 하겠죠? '당신들은 우리에게 가장 소중한 존재'라는 점을 전합니다.

• 상품 관련 퀴즈와 잡학 상식 퀴즈

몇 명씩 팀을 나누고 각각 닉네임 등이 적힌 명찰을 달게 한 후, 서로 자기 소개를 하도록 합니다. 그러고 나서 상품 관련 퀴즈나 잡학 상식 퀴즈 등을 열어 분위기를 풀어줍니다. 이 과정에서 팀원들은 서로의 '팬심'이 어느 정도인지 파악할 수 있고, 팬들 사이에서 경계심과 마음의 벽이 허물어집니다.

• 상품개발 비하인드 스토리와 개발자의 솔직한 이야기

팬은 기업 측의 예상보다 훨씬 더 개발 담당자나 제조 담당자와의 만남을 기뻐합니다. 자신이 좋아하는 상품을 개발하고 제조한 사람들이기 때문이죠. 그리고 개발과 관련하여 그 담당자가 밝히는 비하인드 스토리와 고생담, 여기서만 들을 수 있는 이야기 등은 특히 더 좋아합니다. 팬은 내밀한 이야기를 들을 수 있는 '가족 같은 느낌'에 기뻐하며 마음을 엽니다.

또 개발 담당자와 제조 담당자 역시 사실 팬을 처음 접하는 경우가 많습니다. 그래서 대부분 이런 상황에 감격하죠. 팬과의 직접적인 만남은 그들의 신제품 개발 의욕을 고취시킬 뿐 아니라, 아이디어와 힌트를 얻는 데에도 도움이 됩니다.

• 팬들 사이의 토론 및 발표

'이 상품을 좋아하게 된 계기', '가장 좋아하는 점', '편애하는 포인트', '개선할 점' 등에 대해 팀별로 의견을 나누고 적어보도록 합니다.

일단 개인적으로 적어보게 하고, 그것을 팀 내에서 각자 발표하게 한 뒤 토론을 유도합니다. 가만히 두어도 분위기는 무르익을 겁니다. 그 자리에 기업 측 사람이 끼어도 좋습니다. 단, 기업 측 사람도 가능한 한 팬심이 강한 사람이어야 해요.

또 이렇게 팬들이 토론하는 과정에서 나온 말과 의견은 광고제작과 판촉기획에 큰 힌트가 될 것입니다. 다음 항목인 '팬이라는 사실에 자신감을 갖게 한다'로도 이어지는 귀중한 의견이기도 하고요. 그러므로 '이 팬 미팅에서 나온 발언이 광고에 사용되거나 홈페이지에 게재될 수 있다'는 점을 미리 고지하고 반드시 사인을 받아두는 것을 권합니다.

• 개발자와 현장직 직원에게 보내는 메시지

연구개발 및 제조 과정에 종사하는 사람들에게 메시지를 보내도록 하면, 좀 더 팬심이 커집니다. 자기가 보낸 메시지가 회사 내에 게시될 수 있다는 점은 팬의 입장에서 정말 기분 좋은 일이고, 이는 직원들의 동기부여로도 이어지지요.

• 팬 인증서 수여

기업 입장에서는 '그런 걸 갖고 싶어 할까?'라는 의구심이 들지도 모르겠지만, 팬들은 생각보다 매우 좋아합니다. '기업이 공식적으로 인정한 팬'이라는 사실은 자기승인욕구 충족으로 이어지며, 팬들은 마치 홍보대사(앰배서더)라도 된 것 마냥 주변 사람들에게 유기적인 추천을 할 것입니다.

• 기억에 남는 기념촬영

퇴장하기 전에 기념촬영을 잊지 말아주세요. 팬들은 개발 담당자나 임원과 함께 사진 찍는 것에 긍정적입니다. 또, 당장 SNS에 올려 친구들에게 자랑하고 싶을 만큼, 상품을 예쁘게 전시한 포토존을 마련해둔다면 분위기가 한층 화기애애하겠죠?

그 밖에도 신제품 깜짝 공개, 특별 시식·시음·시범 사용, 광고 모델인 연예인의 깜짝 등장, 공장이나 본사 빌딩 견학 투어 등도 팬들이 좋아하는 이벤트입니다. 그리고 그것이 '잊지 못할 체험'일수록 그들의 팬심은 더욱 커질 것입니다.

단, 예산을 과하게 투입하거나 화려하게 보이려고 무리할 필요는 없습니다. 주최 측의 열정만 있다면, 사내 회의실이든 공장 구석이든 성공적인 팬 미팅이 될 겁니다. 오히려 그렇게 애를 쓴 흔적이 역력할 때 팬들은 더욱 좋아하는 법입니다. 팬들끼리의 솔직한 '의견 나눔'이 목적이므로, 꾸미지 않고 있는 그대로 보여줄 때 분위기가 더 좋아지는 경우가 많습니다.

팬 미팅 결과를
반드시 활용한다

팬 미팅은 팬들의 의견을 듣는 것 외에도 여러 가지 효용이 있습니다. 우선, 팬들끼리 서로 만나게 됨으로써 팬이라는 사실에 자신감을 갖게 되죠. 그리고 팬을 소중하게 대접하는 자리이기도 합니다. 또한 팬이 자신과 취향이 비슷한 주변 사람들에게 팬 미팅을 추천함으로써 유기적 도달이 이루어집니다.

나아가 향후 여러 공지를 공인된 팬들에게 개별적으로 보내기 위해 (다수에게 일괄적으로 보내는 이메일 뉴스레터와는 다름) 이메일 주소 등을 받아두면, 향후 팬 이벤트 등에 활용할 수 있습니다. 팬 미팅이 끝나면, '또 팬들끼리 모였으면 좋겠다'라는 의견이 꽤 많이 들려옵니다. 그러한 마음을 소중히 여겨 지속적으로 관계를 유지해나가야 합니다. 팬 미팅에 참가한 팬은 향후 오래도록 '응원'해줄 든든한 아군이 될 것이기 때문이죠.

기업이 팬 미팅을 정기적·지속적으로 주최하여 그 결과를 회사 전체에 공유하고 다양하게 활용하지 않으면 의미가 없습니다. 딱 한 번의 팬 이벤트로 만족하는 기업도 비교적 많고, 담당자가 부서를 옮기는 바람에 흐름이 끊기는 경우도 꽤 많지요. 팬 미팅은 그룹 인터뷰 조사가 아닙니다. 팬이라는 지지 모체와 함께 지속적으로 가치를 높여나가는 중장기적인 과정이라는 점을 잊어서는 안 됩니다.

팬이 한 말을 바탕으로 하여 당장 상품과 전략을 재검토해봅시다. 특히 자사 홈페이지 재구축은 중요합니다. 팬이 원하는 내용을 홈페이지에 제대로 게재했는지, 팬들이 즐길 수 있는 장이 마련되어 있는지 등을 당장 점검하고 개선해야 합니다. 또한 팬들이 그 후 SNS에 어떠한 글을 썼으며, 그 발언이 주위 사람들에게 어떠한 영향을 미치는지를 추적하는 것도 중요합니다. 이는 인력(로봇 등이 아닌 인간의 눈으로 확인하는 것)으로 해야 해요. SNS상에서 그러한 인력 서비스를 제공해줄 회사도 있으니, 잘 이용하면 좋을 겁니다.

실제로 실행에 옮긴 실무자들의 이야기를 들어보면, '임원이나 상사 등과 같은 핵심 인사들이 참가하면 향후 팬 베이스 시책을 추진하기가 한결 용이해진다'라고 말하는 사람이 많습니다. 그동안 신규고객만 바라보던 핵심 인사가 팬들의 열정적인 모습을 직접 보고 감동을 받아 갑자기 팬에게 포커스를 맞추는 경우가 많다는 거죠.

또 향후에 팬 베이스 시책을 시행할 때, 연계할 필요가 있는 부서의 직원들도 참여하도록 유도하는 것이 좋습니다. 보고서와 영상만으로는 팬들의 에너지와 감동이 좀처럼 잘 전해지지 않기 때문이지요. 회사 내 타 부서를 끌어들일 수 있는 기회로서도 팬 미팅은 아주 효과적입니다.

게다가 동기부여가 된 개발자의 머릿속에서는 아이디어가 자꾸만 샘솟을 것입니다. 뇌가 일상 업무에 적응하기 전에 아이디어를 내고 깊이 연구하여, 기존 상품의 개선과 신제품 개발로 이어나가도록 해야 합니다.

나아가 자신들이 시대의 흐름을 놓치진 않았는지, 가치관이 어긋나진 않았는지도 확인할 필요가 있습니다. 정기적으로 20%의 팬과 만나다 보면 그 변화가 보일 때가 있습니다. 뼈아픈 지적도 많이 받을 수 있어요. 그것을 겸허히 수용하여 방향성을 재검토해야 합니다. 문제가 발생했을 때 분명히 참고가 될 겁니다.

팬이라는 사실에
자신감을 갖게 한다

팬들은 사실 자신감이 없다

이 항목은 의외로 많은 사람들이 간과하는 부분인데, 팬이라는 사실에 자신감을 갖게 하는 방법입니다.

그게 무슨 말이냐며 의아해하는 사람들이 있을지도 모르겠네요. 그런데 팬들은 의외로 불안해합니다. '이 상품을 좋아한다고 해도 될까?', '이 상품의 팬이라고 하면 비웃지 않을까?', '이 상품을 친구에게 추천해도 괜찮을까?' 등등을 고민하기도 하고 의외로 자신감이 없어요.

자신의 가치관과 안목에 자신감이 있는 사람은 일부에 불과하고, 보통은 다들 그다지 자신감이 없습니다. 특히 일본인은 본인에게 자신감이 없는 편이죠. '일본인은 세계에서 가장 비관적인 국민'이고(『2017

에델만 트러스트 바로미터」), 내각부 조사만 보더라도 일본 젊은이들의 자기긍정감은 세계에서도 최하위 수준이라고 합니다(「2014년판 아동·청년 백서」).

심지어 일본은 초성숙 시장으로 진입했습니다. '혹시 내가 추구하는 가치에 딱 맞는 상품이 따로 있는 것은 아닐까?'라는 생각에 곧잘 흔들립니다. 그러면 과연 어떻게 될까요? 다른 상품으로 눈을 돌릴 가능성이 농후해집니다. 결국 '다음에도 이걸 사야지', '다른 시리즈도 사야겠다'라는 마음이 사라져서 LTV를 높이기가 힘들어질 것이고, 주변에 유기적 추천을 하지 않게 됩니다.

그러므로 우선 팬이라는 사실에 자신감을 갖게 만들어야 합니다. 그러기 위해서는 일단 '다른 팬의 솔직한 의견을 접하게' 할 필요가 있습니다. 그러면 그들은 '아, 팬이라서 다행이다'라고 생각하며 자신감을 얻을 겁니다. 어쩌면 다른 사람들도 이렇게 말한다며, 친구에게 당당하게 추천할지도 모릅니다.

갑자기 입소문을 퍼뜨리기 시작한
《레터스 클럽》의 팬들

알기 쉬운 예를 하나 들어보겠습니다.

요리 전문 잡지인 《레터스 클럽Lettuce Club》은 매출이 계속 저조한 상태였는데 2016년에 편집장이 마쓰다 노리코 씨로 바뀌면서 6개월간 다

방면으로 개혁을 단행하였고, 그 결과 3개월 연속 완판을 기록하며 전성기를 맞았습니다.

이미 오래전부터 종이 잡지의 쇠락이 예견되었고, 게다가 올해 창간 30주년을 맞은 《레터스 클럽》이 어느 날 갑자기 날개 돋친 듯 팔린다는 것은 가히 혁명이라 할 수 있습니다. 그런데 제가 말하고 싶은 바는 그것이 아닙니다. '날개 돋친 듯 팔린 후에도 인터넷과 SNS에서는 누구 하나 언급을 하지 않았다'라는 사실이에요. 마쓰다 편집장에게 물어봤더니, 완판 후 그 누구 하나 《레터스 클럽》을 칭찬하거나 추천하지 않았다고 합니다.

그러던 어느 날이었습니다.

완판 후 상당한 시간이 흐른 뒤인 어느 날, 한 인터넷 언론사가 《레터스 클럽》의 급성장을 다루었고, 한 독자가 《레터스 클럽》이 재미있어진 이유를 들면서 큐레이션 사이트(인터넷상의 관련 정보를 한곳에 모아 제공함으로써, 이용자가 원하는 분야의 정보를 쉽게 찾아볼 수 있게 만든 사이트-옮긴이)를 만들었습니다. 그러자마자 지금껏 아무 말이 없었던 팬들이 여기저기서 나타나 《레터스 클럽》 요즘 재미있네?', '난 예전부터 《레터스 클럽》 팬이었다!', 《레터스 클럽》 퀄리티가 좋아졌음' 등의 글을 쓰기 시작했습니다.

그렇습니다. 《레터스 클럽》의 팬은 '칭찬하거나 추천해도 좋을지 자신이 없었던 것'이죠. 기사에서 다뤄지고 친구가 추천하기 시작하니, '아, 칭찬해도 되겠다', '역시 《레터스 클럽》을 좋아하는 내 안목은 틀리지 않았어', '친구에게 추천해도 바보 취급을 받지는 않겠구나'라고 생각하여 지금껏 꾹 다물고 있었던 입을 열기 시작한 것입니다.

팬에게 자신감을 부여하는 방법

팬에게 자신감을 부여하는 가장 좋은 방법은 다른 팬의 솔직한 의견을 접하도록 하는 것입니다. 기업 측이 의도적으로 그러한 장을 마련하는 것은 기본 중의 기본입니다.

기업은 팬과 이용자의 말, 전문가 인터뷰 등을

- 쉽게 접근할 수 있게 (찾기 쉽게)
- 링크를 전달하기 편하게 (공유하기 쉽게)
- 좀 더 자신감을 가질 수 있게 (공감하기 쉽게)

사사 홈페이지 등에 게재해두어야 합니다.

또한 SNS 및 블로그 이용자의 말도 팬에게 자신감을 안겨줍니다. 팬들이 그것들을 보고 들을 수 있도록 자사 홈페이지에 게시하거나, SNS 담당자가 공유 및 리트윗을 하는 것도 기본적인 방법이겠죠.

이와 같은 의미에서, 언론사가 게재한 기사와 영상이 화제를 모으면 팬들도 자신감을 얻게 됩니다. 버즈 마케팅의 목표가 신규고객에게 알리는 것이라고 생각하는 사람이 많은데, 요즘 같은 시대에 고객에게 정보를 전달하기가 쉽지 않다고 제2장에서 설명한 바 있습니다. 그보다 버즈 마케팅은 '팬에게 자신감을 안겨주는 효과적인 방법'이라고 생각해야 합니다. 단, 버즈 마케팅의 일종이라 하더라도, 단순히 화제성만을 노린 노이즈 마케팅은 그다지 효과적이지 않습니다. 팬이 자신감을 얻을 수 없기 때문이죠.

매스광고도 팬에게 자신감을 부여한다

수많은 사람이 보는 매스미디어에 노출시킴으로써 팬에게 자신감을 부여할 수도 있습니다. '봐, 이런 광고도 나오잖아? 저거 말야!' 하고 친구에게 알려주기 편한 상황을 만드는 데 매스미디어는 꽤 효과적인 수단입니다.

유명 연예인이 그 광고를 찍었다는 사실에 팬들은 자신감을 얻어 주변 사람들에게 당당히 추천할 수 있습니다. 특히 그 탤런트가 개인적으로 그 상품을 좋아하는 경우라면 그야말로 천군만마를 얻은 느낌일 수 있죠. 반대로 탤런트가 그 상품을 사용하지도 않으면서 추천하는 '연출된 광고'는 그것이 광고상 연출이라 하더라도 팬을 실망시키는 계기가 될 수 있으므로 주의해야 합니다.

TV 프로그램이나 신문기사를 통한 PR도 팬들에게 자신감을 부여합니다(사회적 승인감·사회적 합의 형성). 그러한 의미에서, 평소에 정기적으로 광고와 PR을 내보내는 것은 생각보다 중요합니다(단, '행동타겟팅 광고'나 '리타겟팅 광고'는 팬들 입장에서 지나치게 집요하고 성가시게 느껴질 수 있어 오히려 역효과를 초래할 수 있습니다. 뒤쪽에서 더 자세히 설명할 예정).

어느 팬 미팅에서 팬이 이런 말을 한 적이 있습니다.

"이 상품은 왜 광고를 더 하지 않나요? 광고를 멋지게 만들어주면 친구에게 추천하기도 더 편할 텐데."

이 발언은 말 그대로 '광고가 나오면 추천하기 쉽다'는 의미입니다. 팬에게 자신감을 부여하고 주변 사람들에게 유기적 추천을 하도록 유도하는 전략은 팬 베이스에서 아주 중요합니다.

팬을 만족시키고
신규고객보다 우대한다

팬을 기쁘게 만들자

팬의 말을 경청하고 자신감을 부여했다면, 다음은 팬에게 기쁨을 줄 차례입니다.

공감이란 '그래, 맞아, 바로 그거야!' 하고 무릎을 탁 치는 듯한 감정이라고 앞서 이야기했는데, 무릎을 치게 되는 포인트를 늘려야 팬들이 기뻐하겠지요? 그 포인트는 상품 및 서비스 개선일 수도 있고 이벤트 개최일 수도 있습니다. 팬 커뮤니티 운영일 수도 있고 홈페이지 리뉴얼일 수도 있겠죠.

이 챕터의 기본은 그러한 포인트를 꾸준히 늘려나가는 것입니다. 이를 기획할 때 가장 중요한 점은 경청한 팬의 말을 시작점으로 삼는 것입니다. 팬의 말을 꼭 그대로 다 수용할 필요는 없어요. 그것은 그저 개선이 필요한 부분 중 하나일 뿐이므로, 기업의 사명과 타사의 동향, 시대의 흐름 등 여러 부분을 고려하여 검토해야 합니다.

또 하나의 기본은 팬이란 20%의 소수에 불과하다는 점을 명심하는 것입니다. 다시 말해, 팬의 '기쁨'은 의외로 마니악하다는 의미입니다. 팬이 아닌 사람(담당자인 당신도 어쩌면 팬이 아닐 수 있겠죠)이 봤을 때는 '그런 게 좋을까?', '너무 마니악하지 않나?' 하고 불안한 마음이 들지 모르겠지만 팬들은 정말 좋아할 겁니다.

예를 들어, 철도 팬이 아닌 사람 입장에서는 이른바 '철도 오타쿠(팬이나 마니아의 단계를 넘어서 자기의 관심 분야에 미친 듯이 열광하는 사람-옮긴이)'의 취향과 행동을 이해하기가 힘들 겁니다. 그래서 해당 분야 팬이 아닌 사람이 오타쿠를 위한 이벤트를 기획하거나 하면, 포인트를 잘못 잡아 실패하는 경우가 있습니다. 담당 직원과 그 광고 등을 수주한 회사 측 직원들도 흔히 저지를 수 있는 실수이므로 주의해야 합니다.

신규고객을 우선시한다는
기존 관념에서 벗어나자

앞서 말한 기본만 중시한다면 대부분의 팬은 기뻐할 것입니다. 당신의 상품이 지닌 가치를 지지하는 20%의 사람을 만족시킬 수 있게 진심을 담아 정성스럽게 이벤트를 기획해봅시다.

그런데 이러한 기획에 서투른 사람도 많습니다. 특히 광고나 마케팅에 종사하는 사람들 중에는 '신규고객에게 알려야 한다'는 발상에서 벗어나지 못하는 사람이 많아, 아무리 끈질기게 설득해도 무의식적으로 '신규고객의 만족'을 우선시합니다.

가령 신문 구독의 경우, 신규구독자에게는 맥주와 세제 등의 사은품을 지급하는 데 반해 수십 년간 구독한 팬은 아무것도 받지 못하는 상황이 관습적으로 이루어졌어요. 그런데 그것에 대해 그다지 의문을 갖지 않는 거죠. 그러한 발상에서 하루빨리 벗어나지 않으면 팬들의 마음을 붙잡을 수 없습니다. 의식적으로 '신규고객이 아니라 팬을 우선시하는' 습관을 들여야 합니다.

또 이른바 '도망 못 가게 가둬놓고 뽑아먹자'는 식의 무례한 마케팅 전략도 바꾸는 편이 좋습니다. '팬 커뮤니티를 만들어 팬을 가둬놓자'는 식의 발상 말이에요. 이는 신규고객을 확보할 때나 통하는 방법론입니다. 조금만 더 생각해보면 알 수 있지만, 상품을 사랑해주는 20%의 팬은 '가둬놓을' 필요가 없을 뿐 아니라 파급력을 갖춘 팬일수록 '가둬놓는' 것을 싫어합니다.

단골의 예를 보면 좀 더 이해하기 쉬울 거예요.

당신이 운영하는 가게의 가치를 알고 지지해주는 단골이 다른 가게로 가지 않도록 가둬놓았다가는 지금까지 쌓아온 공감과 애착과 신뢰를 한순간에 잃어버릴지도 모릅니다. 게다가 단골을 '밥줄'로 생각하고 쏙쏙 빼먹기만 한다면, 단골은 두 번 다시 당신의 가게를 찾지 않을 겁니다. 심지어 지금껏 보낸 지지가 배신당했다는 생각에 분노를 느껴 다른 단골이나 주위 사람들에게 가게의 험담을 늘어놓을 수도 있겠죠.

얼굴도 모르는 신규고객을 상대하는 것과는 달리, 팬을 상대하는 일은 얼굴을 아는 사람과의 '인간적 교류'입니다. 그 점을 명심하지 않으면 팬들은 금세 당신을 꿰뚫어볼 테고, 당신은 팬들에게 절대 기쁨을 줄 수 없습니다.

팬에게 가장 먼저 전한 마쓰다자동차

신규고객이 아니라 팬을 우선시한 사례를 하나 들어보겠습니다.

바로 자동차 업체인 마쓰다자동차입니다. 마쓰다는 팬 미팅 때 로드스터(2~3인승의 뚜껑이 없는 스포츠카-옮긴이) 신차 발표회를 열었습니다. 로드스터 개발주임인 야마모토 노부히로 씨가 직접 신차에 씌워진 덮개를 걷으며 팬들 앞에 첫선을 보였죠.

팬들은 환호했습니다. 자신이 사랑해 마지않는 로드스터의 개발자를 직접 만날 수 있다는 것 자체도 큰 기쁨인데, 그 발표를 팬들에게 가장 먼저 해주었기 때문입니다(이를 읽고 '그게 그렇게 좋은가?'라는 생각이 든다면, 당신은 로드스터의 20%의 팬에 속하지 않는 것일 테죠).

일반적으로 첫 신차 발표는 미디어를 통하여 합니다. 하지만 팬이야말로 가장 먼저 알려야 하는 대상이고, 그렇게 함으로써 팬들은 '마쓰다는 팬을 소중히 여긴다', '마쓰다의 그런 점이 좋다'라며 점점 더 마쓰다라는 기업에 공감하게 됩니다.

게다가 신차 발표가 이루어진 팬 미팅은 마쓰다가 주최한 것이 아니라 팬이 자발적으로 시작하여 만든 자리입니다. '가루이자와 미팅'이라 불리는 이 모임은 20년 넘게 조금씩 규모를 키워, 이제는 로드스터 팬들이 주최하는 일본 최대의 모임이 되었죠. 자신들이 자발적으로 시작한 팬 미팅 현장에서 공식적으로 신차 발표가 이루어진다는 것만큼 뿌듯한 일이 또 있을까요?

처음부터 끝까지 팬 베이스만을 논한『그레이트풀 데드에게서 배우는 마케팅 전략Marketing Lessons from the Grateful Dead』이라는 책의 제10장을 보면 이런 구절이 있습니다.

> 대부분의 기업은 새로 책정한 특별가격과 서비스 관련 정보를 미디어에 제일 먼저 알린다. 자신이 운전하는 자동차의 최신 모델이 출시되었을 때, 회사와 판매점을 통해 알게 되는 것이 아니라 신문과 잡지를 통해 알게 될 때가 종종 있다. 자동차 회사와 판매점이 대체 왜 '애용해주는 고객을 대상으로' 화제의 최신 모델 시승회를 열지 않는지가 의문이다.

기업은 비즈니스 방식을 완전히 새롭게 바꿀 필요가 있습니다. 팬인 기존 고객을 우대하여, 그들에게 정보를 가장 먼저 제공해야 합니다. 자사에 시간과 돈을 기꺼이 투자하는 사람에게 '당신은 소중한 존재'라고 전할 수 있어야 해요.

듣고 보면 당연한 이야기지만, 생각을 바꾸기가 좀처럼 쉽지 않은 것이 현실입니다. 부디 팬을 중심에 놓고 생각하길 바랍니다.

02

깊은 애착을 맺는다

브랜드와 상품을
'대체 불가능한' 것으로 만든다

사람들은 애착이 강할수록 상품을 오래 사용하고 반복적으로 구매합니다. 그리고 유일무이한 존재로 느끼죠. 그러한 존재가 될 수 있게 '애착'이라는 감정을 강화하자는 것이 이 항목의 내용입니다.

당신 주변에 '애착이 가는 물건'을 떠올려보세요. 단순히 매일 습관적으로 사용한다고 해서 '애착'이라 말할 수 있을까요? 단순히 기능적으로 뛰어난다고 해서 '애착'이 생길까요?

누군가에게 받은 선물, 여행지에서 산 추억의 물건, 할머니의 유품, 작가의 혼이 담긴 특별한 작품, 처음 접했을 때 뭔가 기억에 남는 사건이 있었던 물건 등등. 다시 말해, 다른 것으로 대체할 수 없는 스토리와 드라마가 있는 것에 우리는 '애착'을 느낍니다.

단골의 예를 들어보면, 가령 손님의 얼굴과 이름을 기억하고 '○○씨'라고 이름을 불러줄 수만 있다면 다른 가게와의 차별화를 꾀할 수 있겠죠. 그리고 점주의 개인적인 인생 이야기와 간판 메뉴의 탄생비화를 듣게 되면 '애착'이 훨씬 더 깊어질 테고요. 그러한 사소한 부분이 의외로 엄청 중요합니다.

이때 상품 개발자들은 특히 '대체 불가능'이라고 했을 때 곧바로 USP를 떠올리지 않도록 주의해야 합니다. 타사 및 타사 브랜드, 타사 상품과의 차별화야말로 대체 불가능한 가치라고 생각하는 경향이 있기 때문입니다.

미안하지만 그것은 '애착'으로 발전하지 않습니다. USP에서는 이용자의 체험, 추억, 스토리, 드라마를 찾아볼 수가 없기 때문이죠. 게다가 USP는 금세 진부해집니다. 차별화야말로 중요한 가치라고 여겼던 시대는 저물어가고 있습니다. 이제는 좀 더 체험적 가치와 정서적 가치에 주목해야 합니다.

그러한 의미에서, '애착' 항목을 다음과 같이 세 가지로 나누어 보았습니다.

(1) 상품에 스토리와 드라마를 입힌다

우리는 단순한 무색무취의 '물건'이 아닌 '스토리'와 '드라마'가 담긴 상품에 애착을 느낍니다. 그러니 그 부분을 제대로 보여주세요. 어떠한 창업 스토리가 있으며, 상품 개발 과정에서 어떠한 고생을 했는지를 알 수 없는 상품이 너무도 많습니다.

(2) 팬과의 접점을 중시하고 개선한다

기업이나 브랜드, 상품과의 접점은 요즘 같은 시대에 정말 중요합니다. 그 점을 개선하여 다른 것으로 대체 불가능한 체험이 되도록 만들어야 합니다. 타 부서가 맡게 되는 접점도 있을 테니, 그와 연계하고 협력하여 개선해나가야 할 것입니다.

(3) 팬이 참여할 수 있는 기회를 늘려 활기를 불어넣는다

직접 참여하여 체험을 해보면, 유일무이한 것으로 느껴질 만큼 애착이 생깁니다. 하지만 상품을 사랑하는 팬들을 위한 참여의 장을 마련하지 않은 기업이 정말 많습니다. 가치를 지지하는 팬이 참여할 수 있는 장을 마련하고 활기를 불어넣는 것은 매우 중요합니다.

지금부터 하나씩 살펴볼까요.

FAN BASE

상품에 스토리와
드라마를 입힌다

친구에게서 받는 선물이 기분 좋은 이유

친구에게 선물을 받으면 왜 그리 기분이 좋은 걸까요?

물자가 넘쳐나는 시대라 선물 자체에 감동을 받는 일은 적어졌습니다. 그러면 무엇에 감동을 받을까요? 나에게 필요한 선물이 무엇일지 열심히 고민하는 그 '마음'이 기쁘고, 선물을 고르기 위해 쏟은 그 '시간'이 고마우며, 선물을 찾기 위해 발품을 판 그 '노력'이 감사한 것이지요.

그로 인해 그저 단순한 '물건'이 대체 불가능한 '선물'로 바뀝니다. 반복되는 일상 속에서 그 물건을 보거나 사용할 때마다 친구의 얼굴을 떠올릴 테고, 마음이 따뜻해질 테죠. 그렇게 그 선물은 일상에서 중요한 의미를 지닌 존재가 됩니다. 그것이 바로 '애착'입니다.

기업이나 브랜드, 상품도 모두 마찬가지입니다.

사람들의 니즈를 해결하기 위해 얼마나 '고심'했는지, 얼마나 많은 사람이 얼마만큼 '시간'을 들여 그 프로젝트에 매달렸는지, 그리고 얼마나 '노력'하며 시행착오를 겪었는지……. 그러한 스토리와 드라마가 팬에게 애착이라는 감정을 불러일으킵니다.

즉, 기업의 창업 스토리, 역경의 드라마, 상품 개발 스토리 등은 애착을 강화하는 중요한 콘텐츠이며, 그러한 것들을 쉽게 접할 수 있도록 만드는 것은 매우 기본적인 전략입니다.

우리 브랜드의 스토리를
좀 더 전면에 내세운다

요즘은 일본 전국의 웬만한 역 앞에만 가도 낯익은 체인점이 즐비한 모습을 발견할 수 있습니다. 요시노야, 마쓰야, 스키야, 나카우, 히다카야, 코코이찌방야, 맥도날드, 스타벅스, 도토루, 가스토, 조나단 등 일일이 열거하자면 끝이 없을 정도예요.

이중에서 어쩌다 보니 저는 히다카야, 코코이찌방야, 스타벅스의 사장(창업자)이 어떠한 인생을 살았고 어떠한 경영철학을 가졌는지 알게 되었습니다. 인터넷에서 읽었는지 TV에서 보았는지 신문에서 읽었는지 기억은 나지 않지만, 사장의 인생 스토리를 알고 있죠.

그래서일까요? 예를 들어 히다카야 앞을 지날 때면 사장의 극도로 빈곤했던 생활과 종업원에 대한 애틋한 마음이 문득 떠올라 (개인적으로 아는 사이는 아니지만) 사장은 건강한지, 지금도 직원을 끔찍이 생각하는 따뜻한 경영철학을 고수하고 있는지, 가게에서 일하는 저 종업원들은 행복하게 일하고 있는지 등의 생각이 꼬리에 꼬리를 뭅니다.

이것은 '어디에서나 볼 수 있는 체인점'이 '내게 특별한 체인점'이 되었다는 의미예요. 다른 곳으로 대체할 수 없는 존재가 된 것입니다. 단지 몇 번 가보았을 뿐인데, 이미 애착이 생겨 다른 체인점 대신 그곳을 선택하는 경우가 많아졌습니다.

또한 저는 현재 차량을 소지하고 있지 않지만 마쓰다자동차의 팬입니다.

팬 베이스 사례를 조사하면서 마쓰다의 선진 사례 모음을 접하게 되었고, 홈페이지를 구석구석 들여다보던 중에 '개발 스토리'를 읽게 되었기 때문입니다. 거리에서 마쓰다자동차를 발견하면 개발자의 열정과 역경의 드라마가 떠오르고, 그리고 그것을 읽었을 때의 내 감정이 확 되살아납니다.

이것도 '어디에서나 볼 수 있는 자동차'가 '내게 특별한 자동차'가 되었다는 의미입니다. 실제로 타본 적도 없는데 다른 것으로는 대체 불가능한 애착을 느끼는 거죠.

사소한 것이 애착으로 이어진다

그러나 감동적인 '창업 스토리', '개발 스토리' 같은 것이 없는 기업이나 브랜드, 상품도 있습니다. 한 편의 영화처럼 그럴 듯한 스토리가 아니어도 상관없습니다. 다음의 예는 트위터에서 발견한 글인데, 제가 꽤 좋아하는 예입니다.

> 이자카야를 경영하고 있는데, 주먹밥이 당최 팔리지가 않았다. 그때 문득 든 생각이, '카나 짱(귀여운 아르바이트생)이 만든 정성 듬뿍 주먹밥'이라고 표기하면 어떨까 싶었다. 그 결과 매일 순식간에 동이 났다.

사실 이 글 뒤에는 '실제로 만든 사람은 난데, 그럼 이거 허위표시인가?'라는 문구가 붙어 있습니다. '허위표시라도 좋으니 무조건 스토리를 만들어야 한다'는 의미는 아니기에 결과적으로 이 예는 부적절한 예가 되어버렸지만, 전반부까지는 '물건에 스토리와 드라마를 입힌 훌륭한 사례'라고 생각합니다. 단순한 주먹밥에 스토리를 더해 유일무이한 주먹밥으로 만들었기 때문이죠.

이렇듯 사소한 것이 애착으로 이어집니다. 핵심은 "상품의 뒤에는 '사람'이 존재한다는 사실을 어떤 식으로 느끼게 할 것인가" 하는 점입니다.

팬과의 접점을
중시하고 개선한다

접점을 잊을 수 없게 만든다

실적이 악화된 스칸디나비아 항공사를 1년 만에 V자형으로 회복시켜 흑자로 전환시킨 얀 칼슨_{Jan Carlzon} 사장이 펴낸 『고객만족 12 성공전략 _{Moment of Truth}』이라는 책이 있습니다. 다음은 이 책의 본문 구절 중 일부입니다.

1986년 한 해 동안 1,000만 명의 여객이 5명의 스칸디나비아 항공사 직원과 접촉했다. 1회의 응대시간은 평균 15초였다. 따라서 고객의 뇌리에는 1회 15초씩 1년간에 5,000만 번의 스칸디나비아 항공사의 인상이 새겨진 셈이다. 이 5,000만 번의 '진실의 순간'이 결국 스칸디나비아 항

공사의 성공을 좌우한다. 그 순간이야말로 우리가 고객들에게 스칸디
나비아 항공사를 택한 것이 가장 좋은 선택이었다는 사실을 입증시켜
야 할 때인 것이다.

'진실의 순간'이란 고객이 기업의 가치를 판단하는 순간입니다.

즉, 기업과 팬 사이의 여러 접점을 '진실의 순간'이라고 생각하고 조
금씩 개선해나가야 합니다. 그리고 다른 것과 대체할 수 없는 유일무이
한 체험으로 만들어야 하겠죠. 그것이 이 항목의 핵심입니다. 예를 들
어, [도표 4]에서 나오는 방법들도 사소해 보이지만 하나하나가 다 중요
한 '진실의 순간'입니다. 이것들을 하나씩 개선해간다면 '애착'은 분명
히 강화될 겁니다.

매장이나 영업현장, SNS, 콜센터, 이벤트, 광고, 인터넷 기사 등 세
상에는 수많은 접점이 존재합니다. 그 접점들을 팬을 중심으로, 팬의
시선에서 개선해나가는 것이 중요합니다. 그중 몇 가지를 소개하고자
합니다.

SNS를 이용해 매일 '애착'을 느끼도록 한다

광고 및 홍보 부문에서 아직 SNS 담당자(이른바 '중간자')의 중요성을
깨닫지 못하는 기업이 있습니다만, 팬 베이스에서 SNS 헤비유저이자
파급력을 갖춘 팬들과 소통할 때는 SNS 담당자의 중요성이 그야말로

절대적입니다.

SNS 담당자를 중시하지만 단순한 '확산 담당' 정도로 생각하는 회사들도 있습니다. 하지만 정보가 넘쳐나는 이 시대에, SNS 헤비유저가 '기업의 일방적인 확산'에 주의를 기울이는 경우는 거의 없습니다.

SNS 담당자가 중요한 이유는 '일상적인 애착을 강화해주기 때문'입니다. 매일, 아니 어쩌면 매순간 팬(SNS를 활용하는 파급력 강한 팬)을 접하면서 애착을 강화할 수 있는 역할인 거죠.

예를 들어, 시장의 채소가게나 생선가게 총각 같은 존재예요. 매일 길에 나와 '쌉니다, 골라보세요', '아이고, 어서 오세요!' 하며 싹싹하게 말을 거는 직원인 겁니다. 떠올려보면 이러한 일상적인 애착이 단골을 만들게 되지 않나요?

혹시 유능한 SNS 담당자가 매일같이 '좋은 아침입니다', '안녕하세요', '오늘도 수고 많으셨습니다'라는 싱거운 글을 올리면서 팬과 이용자, 스쳐지나가는 사람들과 소통을 하는 이유가 무엇인지 아시나요? 사실 그들은 매일 고심을 거듭하면서 애착을 만들어내고 있는 겁니다.

거듭 말하지만, 그들의 일은 그저 기업 측의 일방적인 공지를 SNS에 올리는 것이 아닙니다. SNS 담당자는 대체할 수 없는 유일무이한 애착을 형성하는 소중한 존재입니다.

그러므로 사람들과의 거리감을 파악하고 자신만의 유기적 표현을 사용하여 애착을 쌓아나가는 유능한 SNS 담당자를 타사에 뺏기지 않도록, 회사 차원에서 융숭한 대우를 해줌으로써 그들의 의욕을 고취시켜야 합니다. 그다지 영향력이 크지도 않은 연예인에게 거액의 계약금을 지급하느니, 차라리 SNS 담당자에게 높은 연봉을 주는 편이 훨씬 좋다고 생각합니다.

참고로 SNS 담당자는 항상 사람들을 접하고 있는 만큼, 사람들이 그들의 본성을 꿰뚫어볼 여지가 강합니다. 그러한 점을 고려해, 담당자를 선발할 때는 '정말로 그 브랜드와 상품을 좋아하는 마니아인지' 따져보아야 합니다. SNS용 글을 잘 쓰느냐 못 쓰느냐보다, 그러한 민낯을 들킬 수 있다는 점이 SNS의 무서운 부분이라는 것을 알아두세요.

우리가 할 수 있는 일부터 차근차근 한다

GANMA!(간마)라는 오리지널 신작 만화 플랫폼이 있습니다.

현재 이 앱의 이용후기 점수는 매우 높은데(5점 만점 중 앱스토어에서의 평점은 평균 4.7점, 구글플레이에서의 평점은 평균은 4.7점), 예전부터 이렇게 높았던 것은 아닙니다. [도표 18]을 보면 알 수 있듯이, 예전에는 이용후기 점수가 매우 낮았고 심지어 조금씩 떨어지는 추세였습니다.

이 점수가 2016년 들어 급격히 상승한 것은 앱 담당자가 '접점'을 개선한 덕분입니다. 담당자인 후쿠니시 유키 씨는 이렇게 말합니다.

"예전에는 확인만 하고 이용후기에 대한 답변은 달지 않았습니다. 나쁜 평가나 댓글이 달려도 '어쩔 수 없다, 시간을 들여 서비스를 개선하면 된다'라고 생각하여 내버려두었지요. 하지만 다시 보니, 댓글을 다는 사

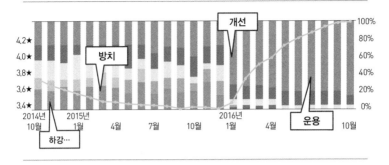

[도표 18] 답변을 작성하는 작은 노력으로 어플의 평점을 높인 '간마'의 사례

람들은 대부분 간마에 관심이 있는 사람이었고 개중에는 열렬한 팬도 많더군요. 그리고 도움이 되는 의견도 많았습니다. 그걸 깨닫고 난 후, 평가의 좋고 나쁨에 상관없이 모든 댓글에 하나하나 답변을 달기 시작했습니다.

이 이용후기는 이용자가 댓글을 단 후에 평가를 바꿀 수 있도록 만들었는데, 모든 댓글에 답변을 달기 시작했더니 후기를 남긴 사람들이 평가 점수를 높게 변경했고, 점점 그 평가가 좋아졌습니다. 하루에 수백 건의 답변을 달아야 하는 경우도 있어 힘들었지만, 후기가 좋아질수록 이용자가 늘었습니다. 지금 당장 내가 할 수 있는 일을 한 것뿐이었는데, 정말 효과 만점이었지요."

예를 들어, '와이파이에 연결했는데도 계속 로딩 중이다. 어이없음. 완전 쓰레기 앱!'과 같은 짧고 강렬한 후기에는 '불편을 드려 죄송하니다. 현재 복구 중에 있습니다. 기다리시는 만화를 얼른 보실 수 있도록 최선을 다해 개선하겠습니다'라고 답변을 작성합니다. 이용자의 의견에 귀를 기울여 개선할 수 있는 부분은 개선하면서 계속 정성스럽게 답변을 단 것입니다.

우리는 심하게 댓글을 단 이용자들이 담당자의 답변에 '평가점수를 올리는' 행동으로 답한 것에 주목해야 합니다. 그들에게는 담당자의 답변이 매우 인상 깊은 '진실의 순간'이었던 거죠. '접점 개선'이라고 하면 뭔가 규모가 큰 개선을 떠올리는 사람이 많은데, 이처럼 개인이 할 수 있는 작은 것부터 시작하더라도 눈에 보이는 효과를 얻을 수 있습니다.

매장과 콜센터에서 겪는 일이
고객에겐 어떠한 '체험'이다

매장에서 '진실의 순간'을 접할 수 있는 사례로 스타벅스 매장 체험을 꼽을 수 있습니다.

'테이크아웃 잔에 글귀를 써주는 것'이 대표적인데, 이는 파트너(스타벅스에서는 사장이나 직원이나 아르바이트생, 모두 '파트너'라 부름)의 자발적인 서비스입니다. 어느 매장을 가든 모든 파트너가 해주는 것은 아니지만, 시간적 여유가 있으면 '감사합니다!', '파이팅!', '건강하세요!' 등 상대의 상황에 맞는 글귀를 살짝 써줍니다.

사실 스타벅스에는 서비스 매뉴얼이 없습니다. 입사하게 되면 직원과 아르바이트생 모두 40시간 이상의 독자적인 연수 과정을 거쳐 임무와 행동지침을 철저히 숙지해야 합니다. 그것이 이와 같은 주체적인 행동을 이끌어내는 것인데, 이러한 체험은 스타벅스를 독보적인 존재로 만들어 고객들로 하여금 강한 애착을 갖게 합니다.

이와 비슷한 의미로, 콜센터도 중요한 접점이 될 수 있습니다.

콜센터에서의 기분 좋은 기억이 해당 기업의 이미지를 확 바꾼 사례는 매우 많아 일일이 열거하기 힘들 정도이죠. 반대로 콜센터 때문에 브랜드 이미지가 훼손된 사례도 물론 셀 수 없이 많습니다.

대표적인 사례로는 『딜리버링 해피니스Delivering Happiness』를 읽어보길 추천하는데, 찾아보면 일본에도 여러 가지 사례가 있습니다. 물론 고객을 신처럼 떠받들 필요는 없습니다. 한 명 한 명 정성을 다해 대응하는 것이 바로 개선으로 가는 '진실의 순간'입니다.

SNS 담당자와 더불어 우수한 콜센터 직원과 담당자도 회사 측에서 잘 대우해주어야 합니다. 그들이 만들어내는 특별한 체험이 팬과 이용자의 '대체 불가능한 애착'을 얼마나 강화하는지는 아무리 강조해도 지나치지 않습니다.

또 콜센터 직원이 개별적으로 대응하지 않고 여러 담당자가 함께 연계하여 대응하는 것으로 유명한 제과업체 '가루비Calbee'의 사례도 책 말미에 링크로 남겨두었으니 참고하길 바랍니다.[5]

접점에서 보인 '성실함'을 극찬한다

팬들은 여러 접점을 통해 기업을 유심히 관찰합니다. 기업이 소홀하거나 불성실하면 금세 알아차리죠. 이에 대비할 수 있는 유일한 방법은 모든 시책, 접점, 활동에 성실함을 보이는 것입니다.

하지만 매장, 영업현장, 콜센터 등 당신 부서의 '관할이 아닌 접점'에서 불성실함이 드러날지도 모릅니다. 그러한 부분을 바로잡아 일관성 있는 자세를 취하게 하는 것은 월권행위에 해당할 수도 있고 애초에 쉬운 일도 아니죠. 기업의 사명을 재검토하여 전반적인 개혁을 단행해야만 하는 경우도 많습니다.

하지만 접점에서는 불성실함뿐 아니라 '성실함'도 드러납니다. 우리는 그 점에 주목해야 합니다. 때문에 직원 전체가 그 점을 공유하고, 잘한 일은 제대로 칭찬하도록 해야 합니다. 그러한 긍정적인 시책은 어렵지 않게 시행할 수 있겠지요.

이는 자연스럽게 직원들의 의식 개선으로 이어질 것입니다. 앞서 언급한 '가루비'는 '고객의 소리를 사내에서 공유하는 시스템이 만들어졌다'라는 의미에서도 좋은 사례입니다.

팬이 참여할 수 있는 기회를 늘려 활기를 불어넣는다

팬의 활동영역을 만들어준다

접점을 개선하는 한편, 그 수를 늘릴 필요도 있습니다. 이를테면 '팬 커뮤니티' 같은 것 말입니다.

팬이 가벼운 마음으로 참여할 수 있는 장을 만들어 서로의 생각을 공유하고 기업이나 브랜드, 상품을 체험할 수 있는 기회를 늘리면, 분명 '애착'은 강화될 것입니다. 팬이 되어준 고마운 사람들이 활동할 장소가 없어서는 안 되겠죠? 어떻게든 그들이 모여 교류하고 발언할 수 있는 장을 만들어야 합니다.

물론 직접 만날 수 있는 팬 미팅이나 팬 이벤트도 좋지만 참가인원에 한계가 있다는 문제가 있습니다. 꽤 품이 들고 한번 만들고 나면 없애기 힘들다는 점도 있고요. 그렇다면, 온라인 팬 커뮤니티도 좋은 방법입니다. 인터넷 연결만 된다면 언제 어디서나 자유로이 참여할 수 있다는 장점이 있기 때문입니다.

관련 사례는 많습니다. '팬 커뮤니티', '팬클럽', '프리미엄 클럽' 등으로 검색하면 수많은 사례가 나옵니다. 또 마일리지 클럽과 포인트 클럽 등도 팬들이 참여할 수 있는 장이 될 수 있지만, 마일리지를 모으는 사람이 꼭 팬이라는 보장은 없습니다. 그저 혜택을 원하는 사람도 많이 섞여 있거든요. 그러므로 그 클럽 내에서 열성팬을 위한 커뮤니티를 새로 만들 필요가 있습니다.

팬이 주주로 참여하는 가고메

여기서는 한 가지 사례를 들고자 합니다. 커뮤니티 시책으로서도 훌륭하지만 '참여의 장'을 만드는 데에 여러 가지 방법이 있다는 사실을 소개하기 위해서입니다.

가고메는 20년간 기업 이념에 공감하는 개인주주를 조금씩 늘려왔습니다. 그리하여 지금은 무려 총 주주의 99.5%가 개인주주이자 '팬 주주'입니다(그중 3분의 1이 주부층이라는 사실도 놀랍습니다). 즉, 팬이 주주로서 기업 활동 자체에 참여하는 것입니다. '팬들의 생각을 알 수 없다'라고 한탄하는 기업이 많은데, 가고메는 팬을 주주로 만들어 개개인의 팬과 소통할 수 있는 토대를 만들었습니다.

가고메의 팬 커뮤니티 '&KAGOME'는 오픈 당시 회원모집 캠페인을 전혀 하지 않았습니다. 그저 개인주주와 온라인 구매자들에게만 공지를 띄웠을 뿐이죠. 처음부터 열성적인 팬만 들어갈 수 있게 만든 것입니다. 그리고 그 팬들이 참여할 수 있는 다양한 시책을 시행하여, 가고메에 대한 애착을 한층 강화하려고 했습니다. 그 결과, 일반 고객이 가고메 상품을 월 평균 100엔 구매한 데 비해, 주주는 월 1,300엔이나 구매했다고 합니다. 그들이 가고메의 매출을 든든하게 지탱해주고 있는 셈입니다.[6]

상품이 아닌 가치를 중심으로 커뮤니티를 만든다

참고로 제가 교과서처럼 몇 번이고 반복하여 읽고 있는 『그라운드스웰-네티즌을 친구로 만든 기업들』의 제7장을 보면 다음과 같은 중요한 내용이 나옵니다.

레고 같은 드문 경우를 제외하면, 기업 제품을 중심으로 커뮤니티가 형성되는 경우는 별로 없다.

레고, 애플, 미니카처럼 마니아들 사이에서 인기가 있는 특별한 사례를 제외하면, 상품 그 자체를 중심으로 팬 커뮤니티가 형성되지는 않는다는 의미입니다.

수차례 언급했지만, 팬이란 상품 그 자체가 아니라 상품이 '중시하는 가치'를 지지하는 사람입니다. 이는 '가치' 덕분에 팬이 생겨난다는 말이죠. 그 가치를 중심으로 팬 커뮤니티를 만들어야 하며, 그렇게 해야 커뮤니티가 훨씬 활성화될 것입니다.

예를 들어, 러닝화 커뮤니티를 만들고 싶으면 신발 마니아가 아닌 러닝화 마니아를 타깃으로 삼아야 합니다. 러닝과 관련하여 해당 운동화 브랜드가 보여주는 문제해결법과 제공가치를 중심으로 커뮤니티를 만들면, 이를 지지하는 팬을 모으기가 훨씬 용이해질 것입니다. 반대로 운동화 자체를 중심으로 삼으면 다양한 가치관을 가진 운동화 마니아들이 모이기 때문에, 타사 운동화와의 단순 비교나 비평이 늘어나게 될 뿐, 그 브랜드 운동화에 대한 관심은 기대하기 어려울 것입니다.

팬 커뮤니티로 수익을 올리려 하지 않는다

'팬이 모이는 커뮤니티'라고 하면, 아무래도 그 곳에서 판매 확대를 노리려는 마음이 들기 마련입니다. 확실히 커뮤니티 내에서 판매를 확대하면 LTV는 상승할 테죠.

팬을 직접 만나는 팬 이벤트의 경우에는 상관없습니다. 특별히 그 이벤트에서만 구할 수 있는 굿즈 등을 준비해두면 훨씬 더 분위기가 달아오를 테고, 팬들 입장에서도 기념이 될 겁니다. 단, 온라인 팬 커뮤니티나 오프라인 회원조직의 경우, 이를 명심해야 합니다.

Don't Sell to the Community
Sell Through the Community

다시 말해, '팬에게는 팔지 말라, 팬을 통하여 외부인에게 팔아라'라는 의미입니다.

아마존 웹 서비스에서 근무했던 오지마 히데키 씨가 만든 슬라이드를 [도표 19]에 인용했는데, 이 도표에는 '팬 커뮤니티 전략 성공 비결'이 농축되어 있습니다.

이는 제2장에서 말한 '팬이 새 팬을 만들어준다'라는 항목과 기본적으로 상통하는 내용입니다. 커뮤니티 회원들을 만족시키고 커뮤니티

[도표 19] 아마존 웹 서비스의 팬 커뮤니티 전략

Don't Sell to the Community

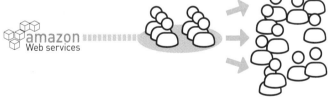
Sell Through the Community

밖 사람들에게 그 만족이 유기적으로 퍼져 스며들도록 하는 방법이죠. 물론 팬들이 만족하기 때문에 자연스럽게 LTV는 상승할 겁니다. 또한 팬과 취향이 비슷한 주변 사람들도 그 영향을 고스란히 받아 상품을 구매하거나 팬이 되겠지요.

하지만 커뮤니티 회원을 상대로 판매하려 했다가는 _{Sell to the Community} 우리가 목적으로 했던 두 가지를 다 잃을 수 있어요. 만약 자신들을 양식장처럼 가둬두고 쏙쏙 뽑아먹으려 한다는 기분을 느낀다면 얼마나 기분이 나쁘겠어요. 주변 사람들에게 추천하는 것까지 바라는 건 언감생심일 겁니다.

자세한 내용은 '팬에게는 상품을 팔지 말라?! AWS 마케팅 담당자가 말하는 최강의 커뮤니티 운영기술' 이라는 제목의 기사를 읽어보길 바랍니다. 커뮤니티 운영 비결이 자세하게 쓰여 있는데, B2B에서도 커뮤니티 운영이 가능함을 보여주는 좋은 사례이기도 합니다.

무작정 커뮤니티를 만들지 말라

팬 베이스 시책이라고 하면, 단순히 '팬 커뮤니티를 만들어 팬과 소통하는 것'이라고 생각하는 사람이 의외로 많은데, 이는 꽤 나중 단계에 해당하는 이야기입니다. 그러한 전략을 세우기 전에 해야 할 일이 산더미처럼 많거든요. 우선, 팬이 좀 더 공감하고 애착을 가지며 신뢰할 수 있는 '환경'을 정비하는 것이 먼저입니다.

그러한 의미에서, 팬 커뮤니티를 만들자며 가벼운 마음으로 무작정 뛰어들기 전에, 일단 멈춰 서서 팬들의 말을 유심히 듣는 것이 좋습니다. 그리고 '자신감을 부여하는 콘텐츠'와 '상품 개발 스토리' 등을 미리 준비해두어야 합니다.

앞서 언급한 책 『그라운드스웰—네티즌을 친구로 만든 기업들』의 제7장을 보면 참여도를 높이는 활성화 전략이 나옵니다. 중요한 내용이라 일부를 발췌했습니다.

> 참여도를 높이는 일은 회사와 제품에 대해 열정적이거나 혹은 열정적일 가능성이 있는 고객들을 보유한 기업들에게 잘 통하는 전략이다. 어떤 기업에게나 통하는 전략은 아니라는 말이다.
>
> 어떤 기업은 인쇄용지나 메모리 칩 같이 공급자가 많고, 특별히 정서적으로 연대감이 있거나 눈에 띄는 강력한 브랜드가 없는 일반 소비재를 고객들에게 제공한다. 만일 이런 성격의 소비재를 판매하는 기업이라면, 고객들이 자사 제품을 주제로 이야기를 나누고 싶어 한다고 생각하기 어렵다. 제품에 불만을 품은 고객들이 상당히 많은데 성공하는 기업이 있다. 만일 이 경우에 해당한다면 고객의 참여도를 높이는 작업은 사태만 악화시킬 따름이다. 위 두 가지 경우에 해당하는 기업이라면, 고객들의 태도에 대해 더 많이 파악할 수 있는 그라운드스웰 듣기 전략(경청)을 권한다.

대부분의 기업은 팬 커뮤니티보다 '경청'을 우선시합니다.

커뮤니티를 만들어도 파리 날리듯 한산하다면, 그곳을 찾은 팬이 '자신감을 잃는' 최악의 사태를 맞게 될 것이기 때문입니다. 우선은 앞에서 언급했듯이 팬 미팅을 열어 팬들의 발언에 귀를 기울이고, 그 상품이 팬 커뮤니티 전략에 적합한지 여부를 판단해야 합니다.

03

깊은 신뢰를 얻는다

신뢰할 만한 요소를 하나씩 늘려간다

이 장의 첫머리에서도 이야기했지만, 팬의 지지를 강화하려면 그 가치를 제공하는 측(기업)의 평가 및 평판을 개선할 필요가 있습니다. 아무리 '중시하는 가치'가 훌륭하다 하더라도 기업 자체에 대한 평가 및 평판이 좋지 않다면 아무도 거들떠보지 않기 때문입니다.

하지만 표면적인 이미지 광고나 PR 등으로는 점수를 얻을 수 없습니다. 인터넷이나 SNS 등을 통해 '기업의 진짜 모습'이 시시각각 폭로되는 시대이기 때문입니다. 진정한 의미에서 기업의 평가 및 평판을 개선해야 하죠. 그러기 위해서는 정성을 다해 꾸준히 쌓아 올린 '신뢰'가 필요합니다. '이 회사 제품이라면 틀림없이 괜찮을 거야', '그 회사 제품은 민을 만해', '거기는 뒤에서 장난을 치지 않아서 좋다' 등과 같은 굳건한 신뢰를 얻어야 합니다.

이는 결코 하루아침에 얻을 수 있는 것이 아닙니다. 오랜 시간 꾸준히 쌓아 올려야 하고 그렇게 얻는 신뢰는 절대로 쉽게 무너지지 않습니다.

기획이나 마케팅만으로는 부족하다고 생각하는 사람도 많을지 모릅니다. 확실히 상품력과 품질, 기업의 평소 태도 등이 크게 영향을 미치므로, 이는 광고와 판촉만으로 해결할 수 있는 문제는 아닙니다.

다만 가능한 부분도 분명히 있어요. 우선 '신뢰를 저해하는 요소'를 하나씩 제거하는 겁니다. 그런 다음 '괜찮다', '믿을 만하다', '장난질하지 않는다'는 것을 제대로 보여줍니다. 충분히 할 수 있는데도 아직 이 부분을 제대로 보여주지 못하는 기업이 많은 것 같습니다.

제가 자주 다니는 길에 오래된 양과자점이 있습니다.

오래된 가게라는 것 말고는 아무 생각 없이 지나치던 곳이었는데, 어느 날 TV에 이 양과자점이 나오더군요. 힘들게 고생하며 양과자를 만드는 사장의 모습과 진지하고 정성스러운 제조공정의 면면을 보며 저는 큰 감동을 받았습니다. 그 후 그 가게에 대해 절대적인 신뢰가 생겨 자주 사 먹게 되었고, 선물용으로도 자주 이용하고 있습니다. 단, 그 신뢰는 TV에 나오지 않았다면 생기지 않았을 신뢰입니다. 아무리 정성을 다해 진지하게 만들었다고 한들, 그 앞을 매일같이 지나가는 저조차 알지 못했던 가게였잖아요?

홈페이지에 가봤더니, '○○ 홈페이지에 오신 것을 환영합니다!'라는 구식 포맷에다 사장이 양과자를 만드는 모습은커녕 사장의 얼굴사진, 제조공정 역시 하나도 올려놓지 않았죠.

우리의 어떤 면을 보고 고객이 신뢰를 보내는지, 진지하게 고민해볼 필요가 있습니다.

여기에서는 다음의 세 가지 측면에서 생각해보고자 합니다.

(1) 작은 분노가 쌓이지 않도록 한다

열심히 한다고 하는데 의도치 않게 신뢰를 깎는 경우가 의외로 많습니다. 그러한 요소를 줄여나가는 것이 중요하죠. 특히 인터넷을 이용한 광고 방법이 신뢰를 저버리는 경우가 있으므로 주의해야 합니다.

(2) 기업이 하는 일을 자세히 보여주고 정성을 다해 소개한다

기업에 대한 평가 및 평판은 그 기업이 본업에 얼마나 충실한가에 달려 있습니다. '여기 제품은 무조건 괜찮다'라는 확고한 신뢰를 얻기 위해, 그 근거가 되는 연구개발·제조공정 등을 가시화해봅시다.

(3) 직원의 신뢰를 중시하여 직원을 '최강의 팬'으로 만든다

투명성이 강조되는 이러한 시대에, 사내와 사외의 구분은 무의미합니다. 고객의 신뢰를 얻고 싶다면, 자사 직원들의 신뢰부터 얻어야 합니다. 직원들의 신뢰를 얻으려면, 다각도의 재검토와 사내 커뮤니케이션이 필요할 것입니다.

작은 분노가
쌓이지 않도록 한다

"나는 앞으로 무슨 일이 있어도

○○○ 제품을 사지 않기로 결심했다"

다음은 인터넷에서 화제가 된 글입니다.

스마트폰으로 유튜브를 보고 있으면 꽤 자주 ○○○의 30초짜리 광고
가 나온다. 물론 유튜브도 자선 사업이 아니니 최근에 많이 나오는 6초
광고 같은 건 그나마 견딜 수 있지만, ○○○ 광고는 30초짜리 광고인 데
다 건너뛸 수가 없으니 정말 뚜껑이 열린다. 요 몇 개월간 이 광고 때문에
너무 열이 받아서, 난 앞으로 무슨 일이 있어도 ○○○ 제품을 사지 않기
로 결심했다. 내 시간과 데이터 내놔라, ○○○ 놈들아!

이 정도로 과격하진 않더라도, 끊임없이 튀어나오는 광고에 거부감을 느끼는 사람은 많을 겁니다. 그 기업을 좋아하는 팬이나 코어팬이라면 더욱더 '뭐하는 거야, 지금!' 하고 분노할지도 모르죠.

제2장에서 소니 DSLR '알파(α)'의 사례를 들면서 P3액션에 대해 소개했는데, 그들은 기본적으로 팬들과 '3개월간 약 3회' 소통합니다. 그들이 생각하는 '적당한 빈도'는 딱 그 정도인 거죠.

어느 정도의 빈도와 거리감이 적당한지에 대한 정답은 없습니다. 다만 지나친 접촉은 그 기업에 대한 신뢰는커녕 반감과 분노를 초래할 뿐입니다. 신뢰를 쌓고 강화해나가기 위해서는 우선 '신뢰를 저해하는 요소', '반감을 초래하는 요소', '분노를 유발하는 요소'를 제거하는 것이 중요합니다.

그것이 정말 상대방을 고려한
올바른 방법인가 생각해보기

이런 광고들 때문에 한번쯤 욱했던 경험이 있으실 겁니다.

- 딱 한 번 검색했을 뿐인데 어느 사이트를 가든 쫓아오는 집요하고 끈질긴 타겟팅 광고
- 인터넷에서 쇼핑을 한 번 하거나 어떤 기업의 홈페이지에 한 번 로그인했을 뿐인데, 매일 매일 스팸메일처럼 날아오는 골치 아픈 이메

일 뉴스레터

- 인터넷에서 가벼운 마음으로 카탈로그를 주문했을 뿐인데, 득달같이 걸려오는 지옥의 텔레마케팅
- 혜택 등은 큼지막하게 적어놓고, 한쪽 구석에는 읽을 수도 없을 만큼 작은 글자로 '○○인 경우에 한함'이라는 부대조건을 쓴 사기 수준의 전단지와 카탈로그
- 기사를 자세히 읽어보려고 할 때마다 갑자기 자동 재생되는 짜증나는 동영상 광고
- 광고인지 아닌지 애매하게 만들어 화제성을 노리는 PR 기사
- 자극적인 색감과 카피문구, 뚝뚝 끊어지는 움직임으로 시선을 끌려는 품격 없는 배너광고(특히 호감을 가졌던 기업이 이런 광고를 낸다면 브랜드 이미지는 엄청나게 훼손될 것입니다)
- 스마트폰 화면에 갑자기 풀스크린 광고가 뜨는데, 손가락은 두껍고 광고창을 닫는 '×' 표시는 너무 작아서 자꾸만 엉뚱한 곳이 눌려 속이 터지는 인터스티셜 광고

아마도 기업은 '신규고객을 대상으로 한 반복적인 노출을 효과적인 시책'이라고 생각하는 듯합니다. 하지만 과연 그럴까요? 상대는 오랫동안 자사 제품을 사주었으면 하는 고객입니다. 팬이 되어 앞으로 오래도록 함께할지도 모르는 사람이죠. 그런데 이러한 방법이 효과적일까요?

광고를 노출할 때, 이 광고가 정말로 상대방을 고려한 올바른 방법인지 한 번 진지하게 생각해보길 바랍니다. 앞에서는 다소 극단적인 사

례를 들었지만, 네이티브 광고*를 비롯해 좀 더 고객에게 다가갈 수 있는 방법이 있을 것이라 생각합니다.

최근에 이런 일이 있었습니다.

어떠한 서비스가 한 달 무료체험을 제공하기에 신청해서 사용했습니다. 그런데 무료 기간이 끝나기 전에 알림이 오지도 않고 본 계약이 자동으로 갱신되어 그대로 유료로 전환되어버린 겁니다.

상식적으로 봤을 때 사기나 마찬가지라고 생각했습니다. 물론 알고는 있습니다. 그렇게 해서 사람들이 못 빠져나가게 하려는 노림수라는 사실을 말이죠. '그런 속셈'을 우리는 이미 관습적으로 알고 있으며, 신청할 때도 그런 내용이 분명 (작게) 쓰여 있을 겁니다.

하지만 그것이 과연 올바른 방법인지 다시 한 번 곰곰이 생각해보길 바랍니다. 우리는 '시범 사용'을 했으니, '사용해보니 어땠냐'고 체험 기간이 끝나기 전에 물어보는 것이 당연하지 않나요? 막상 제가 해지를 하려고 보니, 고객이 쉽게 해지를 할 수 없도록 홈페이지를 복잡하게 만들어놓아서 오랫동안 홈페이지를 샅샅이 뒤져야 했어요.

이러한 짓을 일류기업이라 불리는 회사들이 하고 있습니다. 사람들이 블로그와 SNS에 기업에 대한 분노의 목소리를 토해내는 건 기업들이 자초하고 있기 때문입니다.

이렇게 효율만을 따지다가 의도치 않게 '신뢰를 보내던 팬'의 뒤통수

---

* **네이티브 광고**란 각 매체가 제공하는 서비스 기능에 맞추어 기사 및 콘텐츠와 어우러지게 디자인, 내용, 포맷 등이 제작되는 광고. 이용자의 정보 이용을 방해하지 않는 광고를 가리킴(JIAA 네이티브애드연구회가 내린 정의에 따름).

를 치고 마는 경우가 생각보다 꽤 많습니다.

특히 무조건 클릭 수를 늘리려고 수단과 방법을 가리지 않는 최근 인터넷 광고 수법은 브랜드 이미지 훼손으로 이어지는 경우가 많아요. '팬의 신뢰를 저버리는 상황'을 자초하는 경우가 의외로 많은 겁니다.

이러한 사례는 모두 '결과(인지도와 매출)를 내기 위해 머리를 짜낸 것'입니다. 하지만 발상이 너무 근시안적이라는 것이 문제이지요. 중장기적인 '신뢰'를 무너뜨리는 단기 시책이라니, 한마디로 난센스입니다.

이렇듯 '중장기적으로 팬을 만들지 못하고 오히려 팬을 실망시킬 수 있는 시책'은 역효과를 초래할 뿐이니 당장 그만두는 것이 좋습니다. 그보다는 브랜드와 상품의 가치를 지지하고 사랑해주는 팬의 시선을 의식해야 합니다. 시책을 하나하나 재검토하고, 필요한 노력을 다하여 성실하게 차근차근 다가가는 것이 기본이라고 말씀드리고 싶습니다.

실패하거나 물의를 빚은 일은 숨기지 않고 알린다

한 기업이 오랫동안 유지되다 보면 실패를 하거나 물의를 빚는 일이 반드시 있기 마련입니다. 그리고 기업은 나쁜 이미지가 빨리 사라지고 잊히길 원합니다.

하지만 이제는 검색만 하면 뭐든지 알 수 있는 시대가 되었습니다. 숨기는 것이 능사는 아니란 말이지요. 차라리 자사 홈페이지에 문제가 된 부분을 정리하여 올리고, 어떻게 대처하고 개선했는지 깔끔하게 밝히는 편이 좋습니다. 그렇게 진실하게 행동하는 것이 오히려 신뢰를 형성하는 법입니다.

'그랬다가는 그 사건을 몰랐던 사람에게까지 굳이 알리는 꼴이 된다'며 걱정하는 사람도 있을 것입니다. 그것도 맞는 말입니다. 굳이 알려주는 것이나 마찬가지니 말이죠. 하지만 당신이 상대해야 할 사람은 20%의 팬입니다. 나머지 80%는 그런 일에 그다지 관심이 없고 굳이 확인하기 위해 홈페이지나 관련 자료를 찾지도 않죠. 그리고 만약 보더라도 금세 잊어버리고 맙니다.

그것보다 중요한 것은 '진실한 태도'를 보여주는 것입니다. 팬을 소중히 여겨 신뢰를 강화하는 것이 훨씬 더 중요하죠. 팬은 과거의 실수를 알고도 팬으로 남아준 사람들입니다. 바로 그 팬들이 '아, 그 일을 숨기고 있구나'라는 생각을 하게 된다면, 그것이 더 부끄럽지 않을까요?

팬들은 기업이 얼마나 진실한 태도로 자신들의 실수를 만회하려고 하는지 예민한 촉으로 느낄 수 있습니다. 그리고 성실하게 실수와 결함을 수습하고자 할 때 팬들은 반드시 다시 지지를 보낼 겁니다. 그들이야말로 기업의 미래와 매출을 지탱해주는 주축입니다. 팬들은 기업에 예측할 수 없는 위기가 닥쳤을 때 더욱더 존재감이 드러납니다. 팬들은 보이콧이 일어나는 상황에서도 제품을 구매하여 기업에 힘을 주는 존재이기 때문이죠.

기업이 하는 일을 자세히 보여주고 정성을 다해 소개한다

기업이 하는 일을 좀 더
친절하고 자세하게 보여주자

신뢰를 강화하기 위해서는 '이 회사 제품은 믿을 만하다'라는 것을 좀 더 어필할 필요가 있습니다. 기업이 중시하는 가치와 사명 등이 아무리 훌륭하더라도, 실제 상품의 품질과 경쟁력이 수반되지 않으면 평가나 평판이 좋아질 수 없기 때문입니다.

그런 의미에서, 실제로 상품의 품질과 경쟁력 면에서 팬 베이스로 할 수 있는 일은 '보여주기'입니다. 품질과 경쟁력의 근거가 되는 연구개발, 제조공정, 제작과정 등을 자세히 보여줌으로써, '이 회사 제품은 괜찮다', '저기는 믿을 만하다' 등과 같은 신뢰를 얻는 거죠.

이렇듯 '신뢰할 만한 근거'를 좀 더 제대로 보여줍시다.

연구개발, 제조공정, 제작과정 등을 알기 쉽도록 현장감 넘치게 보여주는 기업은 별로 없습니다. 기업이 그 제품을 어떤 마음으로 만들고 어떤 점에 주력하고 있는지, 제품이 어떤 사람들의 손을 거쳐 어떻게 만들어지고 있는지 제대로 보여주지 않는 거죠. 이는 신뢰를 얻을 수 있는 소중한 기회를 놓치는 것과 다를 바가 없습니다.

저는 모 카메라 업체의 공장을 견학했을 때, '오, 렌즈를 로봇이 아니라 사람이 손으로 하나하나 깎는구나' 하며 깜짝 놀랐던 적이 있습니다. 게다가 그 사람은 이 일만 수십 년을 한 렌즈의 달인이었습니다. 그런 사람이 매일 공들여 렌즈를 깎고 갈고 있었죠.

이러한 면을 고객들에게 알려준다면 좀 더 이 업체가 만든 제품의 품질을 신뢰할 수 있지 않을까요?

기업 측은 당연하게 여기는 것들이겠지만, 고객 입장에서는 미지의 세계와도 같습니다. 연구소 등의 개발현장, 공장 등의 제조현장, 미디어나 콘텐츠 제작현장도 알면 알수록 내부자들만 알기 아까운 포인트들이 넘쳐납니다. 이를 좀 더 보여주면서 정성을 다해 소개해야 할 필요가 있어요. 그것이 '이 회사 제품은 괜찮아', '거기는 믿을 만해' 등과 같은 신뢰로 이어지는 거죠.

- 홈페이지 내에서 상품과 콘텐츠가 만들어지는 공정을 공개하여 친절히 알려주는 것은 기본. 공장, 연구소, 사무실, 작업장 등을 제대로 보여준다.

- 홈페이지 내에 개발자, 제작자, 기술자, 장인의 얼굴을 싣고, 그들의 가치관이나 생각을 인터뷰한 내용도 자세히 싣는다. 일본에는 특히 표창을 받은 장인이 많은데, 일반인에게는 거의 공개하지 않아 제대로 된 소개가 이루어지지 못하고 있음. 개발자와 장인 등에 대한 소개는 그들 본인의 의욕을 고취시키는 데에도 도움이 됨.
- 공장, 연구소, 작업장 등 상품이 만들어지는 현장을 실제로 방문한 팬에게 안내와 설명을 해주는 시스템을 만든다. 이를테면 견학투어 같은 것. 이는 팬 미팅이나 팬 이벤트로 활용할 수도 있어 팬들이 아주 좋아할 것임.
- 유명한 경제 관련 TV프로그램에서 다루어지길 가만히 앉아 기다리지만 말고, 스스로 영상을 제작해본다. 모든 사람에게 통할 만한 대중적인 영상이 아니라 팬이 좋아할 만한 마니악한 영상이 좋음. 영상을 보러 오는 사람은 20%의 팬이거나 예비 팬임. 그들의 신뢰를 강화하기 위해 좀 더 어필할 필요가 있음.
- 만약에 상을 받았다면 고객이 잘 볼 수 있게 게시한다. 기업이 상을 받았다는 사실은 팬에게 자신감을 부여하고 기쁨을 줌.

이처럼 방법은 매우 다양합니다.

이렇게 말하면, 제가 앞서 제2장에서 인터넷을 활용하지 않는 사람들이 많다고 했으니 홈페이지에 올려봤자 소용없는 것 아니냐고 묻는 사람이 있을지도 모르겠습니다.

그 말도 맞습니다. 단, 그들은 인터넷을 일상적으로 활용하지 않을 뿐입니다(메일, LINE, 소셜 게임 정도는 한다). 그들도 인터넷 검색이 되는 스마트폰과 PC를 갖고 있어요. 그러므로 관심이 생기거나 팬이 되면 검색해서 홈페이지를 방문할 겁니다. 그러한 몇 안 되는 기회를 놓치지 말고 제대로 어필하여 신뢰를 강화해야 합니다.

또 홈페이지에서 제조공정 등을 소개할 때 화려한 캐릭터 등을 사용해 안내하는 기업이 종종 있는데, 캐릭터를 사용하기 전에 '20%의 팬은 어떤 사람들인가?', '어떤 사람들이 20%의 팬이 되었으면 좋겠는가?'를 신중히 생각할 필요가 있습니다.

기업의 제조공정을 보러 일부러 찾아오는 사람은 일반인이 아닌 '팬'입니다. 그 20%의 신뢰를 강화하는 것이 80%의 매출과 직결되며 LTV를 높이는 길입니다. 만인에게 잘 보이려 하지 말고 팬을 좀 더 의식하면 됩니다.

직원의 신뢰를 중시하여
직원을 '최강의 팬'으로 만든다

전 세계에서 직원의 신뢰도가
가장 낮은 나라

조금 충격적인 조사 결과가 있습니다.

[도표 20]의 세계 최대의 PR 회사 에델만의 조사에 따르면, 일본인은 세계에서 가장 '자기 회사를 신뢰하지 않는' 국민이라고 합니다.

러시아보다 낮은 것은 그렇다 치고, 저는 이것이 오히려 기회라고 생각했습니다. 일본에서 거의 모든 기업의 직원들이 자기 회사를 신뢰하지 않는다면, 직원의 신뢰를 받는 기업이 오히려 눈에 띌 것이기 때문입니다.

직원이 자기 회사를 신뢰하며 자부심을 갖고 일한다는 것은 회사

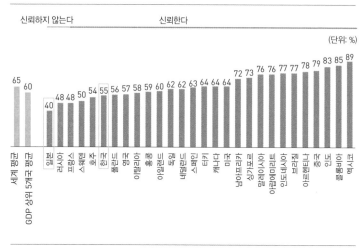

[도표 20] 자신이 속한 회사에 대한 직원의 신뢰도

신뢰하지 않는다　　　　　　　　　신뢰한다

(단위: %)

자료: http://www.slideshare.net/EdelmanJapan/2016-57835685

밖 팬들의 신뢰와 직결됩니다. 직원들부터가 자기 회사를 신뢰하지 않는데, 대체 누가 그 회사를 신뢰할 수 있을까요?

사내와 사외의 구분은 무의미하다

인터넷과 SNS 보급으로 기업의 내부 사정도 더 이상 비밀이 아닌 시대가 되었습니다. '투명성의 시대'라는 말이 나온 지도 꽤 되었지요. 문제 있는 블랙기업들이 외부 조사로 실체가 드러난 것이 아닙니다. 모두 사내에서 좋지 않았던 평판이 쌓이다 터져 나온 거죠.

게다가 최근에는 회사 밖으로 평판이 새어나가는 속도가 더 빨라졌습니다. 얼마 전에도 비리가 있었던 회사에서 사장을 비롯한 전 직원이 받은 메일이 그날 바로 인터넷에 유출된 사건이 있었지요.

그렇다고 해서 '컴플라이언스(준법감시)'를 강화하여 직원들의 행동을 규제해야 한다'는 말은 아닙니다. 어차피 회사 밖으로 새어나갈 수밖에 없거든요. 물론 감시를 강화하면 당일 바로 유출되는 것을 막을 수 있을지는 모르겠습니다. 하지만 사내 분위기를 험악하게 만들 수 있고, 터져 나올 것이라면 그렇게 해도 며칠 뒤 터질 것이 뻔합니다.

이번 달에도 다음 달에도 계약직, 파견직, 아르바이트생이 계약기간 만료로 회사를 떠납니다. 그만둔 사람까지 통제할 수는 없는 노릇이겠지요. 그 사람들은 (익명으로) 자유롭게 회사에 대해 말할 테니까 말입니다. 특히 좋지 않은 사내 정보는 반드시 유출되기 마련입니다. 사내와 사외의 구분이 더 이상 무의미하다는 의미입니다.

외부의 신뢰를 얻고 싶다면
먼저 직원들의 신뢰를 얻어야 한다

사내와 사외의 구분이 무의미하므로, '사내에서의 공감'은 곧 '사외에서의 공감'이고, '사내에서의 애착'은 곧 '사외에서의 애착'이며, '사내에서의 신뢰'는 곧 '사외에서의 신뢰'를 의미합니다. 직원들의 감정이 그대로 회사 밖으로 나간다고 생각해야 합니다.

한번 생각해보세요. 직원이 1,000명이라고 했을 때 10%가 회사 밖에서 불평불만을 늘어놓는다 해도 그들의 유기적 표현은 [도표 13]과 같이 순식간에 수만 명으로 확산됩니다. 심지어 회사 내의 생생한 정보 아닌가요? 화제가 되기 쉬운 스캔들 같은 내용입니다. 특히 지역을 거점으로 두고 있는 기업이라면 그야말로 치명적입니다. 지연과 혈연을 통해 순식간에 퍼져나갈 테니 말이죠.

역사가 오래된 모 기업으로부터 정말 놀라운 이야기를 들었는데, 자사 제품을 사용하지 않는 직원이 30%나 된다는 것이었습니다. 직원조차 자신들이 만드는 물건을 사랑하지 않는데, 그 기업을 대체 누가 사랑해서 팬이 될 수 있을까요? 자신들이 즐겨 사용하지도 않고 좋아하지도 않는데, 대체 회사 밖의 누가 주변 사람들에게 유기적 추천을 할 수 있을지 모르겠습니다.

하지만 강제적으로 직원들에게 자사 제품을 사용하게 하면 역효과를 초래할 수 있습니다. 그렇다면 어떻게 해야 할까요? 일단 직원들이 '회사에 대한 공감·애착·신뢰'를 가질 수 있도록 해야 합니다.

괜찮습니다. 처음부터 그 회사를 싫어하겠다고 마음먹고 입사하는 직원은 없을 겁니다. 적어도 '좋아하고 싶고, 사랑하고 싶다'는 마음으로 입사했겠지요. 그러니 그들의 공감·애착·신뢰를 형성하고 되찾는 일이 그리 힘들지만은 않을 것입니다.

일단 맨 처음 해야 할 일은 창업이념과 사명을 다시 공유하는 겁니다. 자사가 사람들의 어떠한 니즈를 해결하기 위해 세워진 것인지, 우선 그것을 직원들과 깊이 공유할 필요가 있습니다.

그러기 위해서는 사내 커뮤니케이션이 필요합니다. 아침조례 시간에 사명을 외치고 시작하자는 의미가 아니에요. 좀 더 깊은 공유가 필요하죠. 예를 들어, 워크숍 등과 같은 공동 작업을 통해 효과를 높일 수 있습니다. 창업이념과 사명 등에 대해 토론하고, 우리는 무엇을 해야 하고 무엇을 할 수 있는지 팀별로 생각해보는 거죠.

이 부분에 대한 내용은 『내일의 플래닝』에서도 언급한 내용인데, 직원이 같은 곳을 바라보며 사람들의 니즈를 해결해나가면 직원의 공감·애착·신뢰를 얻을 수 있습니다.

참고로 스타벅스는 '애착' 항목에서 잠깐 언급했듯이, 40시간 이상에 달하는 자체적인 연수를 직원뿐 아니라 아르바이트생까지 포함하여 전 종업원을 대상으로 실시하고 있습니다. 매뉴얼만 달달 외우도록 하는 연수가 아닙니다. 대부분의 시간을 '기업의 사명 공유'에 할애하여 사명을 온몸으로 흡수할 수 있게 만들지요. 매뉴얼 자체가 없기 때문에 현장은 사명을 온몸으로 흡수한 종업원 각자의 재량에 따라 돌아갑니다.

직원은 회사와 가장 가까운 1호 팬

특히 직원의 '신뢰'를 강화하기 위해서는 직원들이 '우리 회사는 좋은 회사다'라고 생각할 수 있는 분위기를 만드는 것이 매우 중요합니다.

'진지하고 성실하게 사업을 해나갈 것이다'라는 의지를 직원들에게 강하게 보여주고, 개발공정부터 제조 및 제작공정까지 완벽을 기하는 '회사의 자세'를 직원들에게 보여주는 겁니다. 이 작업은 꾸준함이 요구되는데, 회사 차원에서 본업을 재점검하다 보면 분명히 직원들 사이에서 자연스럽게 신뢰가 형성될 것입니다.

참고로 사내에서 관습적으로 행해지던 것이 신뢰를 무너뜨리는 요인이 되는 경우가 종종 있으니 주의해야 합니다. 사소한 예일지도 모르겠지만, 제 지인 중에 한 명은 '할당량 채우기'를 강요하는 회사 때문에 고민이 많았습니다. 단순히 할당량에 대한 압박 때문에 고민했던 것이 아니라, 밖에서는 '고객 제일주의'를 외치면서 안에서는 '할당량 채우기'에 급급하는, 그런 모순적인 모습 때문에 회사에 대한 부정적인 인식이 생겼던 거죠. 부하직원에게 무조건 할당량을 채우도록 압박하면 고객에게 사기를 쳐서라도 실적을 올리려는 마음이 들 수밖에 없는데, 고객의 기분보다 숫자를 더 중요하게 생각하게 되는 것 같아 고민이라고 지인은 털어놓았습니다.

이러한 모순적인 회사의 태도에 점점 회의감이 들었던 그는 결국 그회사를 관두었습니다. 결과적으로 그 회사는 소중한 팬 한 명의 마음을 돌아서게 만든 것 아닌가요. 기업에서는 직원들이 어떤 마음으로 회사를 바라보는지, 그런 부분까지 일관적으로 재점검하는 것이 중요합니다.

이상으로 공감·애착·신뢰를 강화하는 팬 베이스 시책에 대해 알아보았습니다.

팬을 중시하는 시책이라고 하면 '팬과의 교류'라는 실제적인 만남을 상상하기 쉬운데, 그 전에 팬이 공감하거나 애착을 갖거나 신뢰를 느끼는 '요소'를 차근차근 늘려나가는 것이 중요합니다.

그러한 요소가 늘어나면 팬이 유기적 추천을 할 수 있는 계기가 생기고, 말하고 싶어지는 상황이 만들어지며, 말하기 편한 환경이 조성됩니다.

다음 장에서는 그러한 '계기·상황·환경'을 만들 수 있는 방법에 대해 설명할 예정입니다.

FAN BASE

팬의 지지를 한층 더 강화하는 세 가지 방법

– 열광·유일·응원

팬 베이스 시책은 '공감·애착·신뢰' 전략을 제대로 펼치는 것이 중요한데, 그보다 더 강력한 지지를 보내는 4%의 코어팬을 만들어 LTV를 높이려면 '열광, 유일, 응원'이라는 세 가지 업그레이드 전략이 필요하다. 전부 실천할 필요는 없다. 어느 하나를 꾸준히 하다 보면 코어팬의 모습이 보일 것이다. 무조건 한 걸음 내딛는 것이 중요하다. 할 수 있는 범위 내에서 시작해보기를 추천한다.

팬심을 견고히 하려면

이 장에서 설명하는 '열광·유일·응원' 전략은 팬 베이스 시책의 심화 버전이자 업그레이드 버전입니다.

제3장에서 설명한 '공감·애착·신뢰' 전략을 꾸준히 실행하면 팬 베이스 시책으로서는 나름의 목표를 달성할 수 있을 것이라 생각합니다. 기본적이지만 중요한 시책이 많은데, 그것만으로도 팬의 이탈을 방지하고 LTV를 높일 수 있지요. 그리고 팬들은 자신과 취향이 비슷한 사람들에게 자발적으로 유기적 추천을 하고, 팬들 중 몇 %는 코어팬이 될 것입니다.

그러므로 일단은 '공감·애착·신뢰' 전략을 제대로 실천에 옮겨야 하겠지요. 특히 지금껏 팬 베이스 시책을 그다지 시행하지 않았던 기업이라면, 우선 제3장에서 말한 방법을 써보길 바랍니다. 업종과 상품군, 시장상황 등에 따라 시책도 달라지므로 어느 정도 시행착오를 겪어야 하기 때문입니다.

무엇보다 '공감·애착·신뢰'라는 토대가 탄탄히 다져지지 않은 상황에서는 '열광·유일·응원' 전략도 제대로 먹히지 않습니다. 제4장은 어디까지나 업그레이드 버전입니다. 이 점을 꼭 명심하세요.

이 장에서는 코어팬을 만드는 방법, 코어팬을 소중히 여기는 방법, LTV를 높이는 방법에 대해 설명하고자 합니다.

코어팬은 '가족'과 다름없다

제3장에서도 언급했지만, 코어팬은 '20%의 팬'보다 그 수가 더 적습니다. 20%의 20%, 즉 전체의 4% 정도에 불과하다고 보면 됩니다.

그야말로 극소수입니다. 100명이 있다고 하면, 그중 2~8명 정도가 코어팬인 셈이죠. 즉, 이 장에서 설명하는 내용은 바로 이 '극소수'를 위한 시책입니다.

그렇다고 해서 단순히 극소수의 마니아와 오타쿠를 중심으로 한 세운 시책이라고 생각하지는 않았으면 좋겠습니다.

일반적으로 마니아나 오타쿠는 개인의 호불호가 강해서 자신의 취향에 맞는 것을 우선적으로 추구합니다. 팬 베이스로 상대해야 할 코어팬을 마니아나 오타쿠처럼 생각했다가는 잘못된 대응을 할 수 있습니다. 토대와 지지 모체가 되는 코어팬은 '자기중심적으로 편애하는 사람'이 아니라, '기업의 사정과 방향성을 이해하면서 편애하는 사람'이어야 합니다. 확실하게 기업의 편에 서줄 수 있는 사람을 중심으로 전략을 세워야 한다는 점을 기억합시다.

다시 카페 단골의 사례로 생각해볼까요. '내 집 같은 편안함'이라는 가치를 자기중심적으로 해석하여 자기가 좋아하는 애니메이션 캐릭터 피규어 등을 장식하라며 직접 피규어를 들고 와서는 자기가 생각하는 '내 집' 느낌을 강요한다면 어떨까요? 아무리 매일 찾아준다 하더라도 진정한 의미의 단골이라고 볼 수는 없겠지요.

가게를 생각해서 말해주는 것은 감사하지만, 가게가 중시하는 가치를 전혀 이해하지 못한 것입니다. 진정한 단골, 특히 초단골이라고 할 수 있는 코어팬은 가게가 중시하는 가치를 훨씬 더 소중히 여깁니다. 가게 입장에서 함께 고민하는 사람이죠. 그들은 '여기는 장식을 좀 더 자연스러운 걸로 달면 이 가게 특유의 내 집 같은 편안함이 느껴질 것 같아', '오히려 좀 더 캐주얼한 메뉴가 이 가게랑 어울려' 등과 같이 방향성을 정확히 이해하고 도움이 되는 좋은 의견을 내줍니다. 즉, 코어팬은 손님이라기보다는 소중히 여기는 가치를 공유하고 함께 기뻐하는 '동료'이자, 나아가 '가족'이라고도 말할 수 있는 사람입니다.

과도한 저자세는 필요 없다

코어팬이란 소중히 여기는 가치를 공유하는 '가족'이나 다름없습니다. 그러한 의미에서, 그들을 극진히 대접하는 것은 좋지만 '손님은 왕이다'와 같이 저자세를 취하는 것은 좋지 않습니다. '가족'이나 마찬가지이므로 숭배하고 추앙하는 듯한 태도를 취해서는 안 된다는 의미예요.

코어팬이 되어준 사람(또는 예비 코어팬)을 과도하게 극진히 대접하는 담당자가 의외로 많습니다. 그러한 태도가 바로 팬 베이스라고 착각하는 사람도 많고요. 하지만 이는 잘못된 생각입니다. 그것은 단순한 굴복일 뿐이죠. 앞에서도 썼지만, 기업이 하는 일은 '고객의 니즈 해결'이며, 그것은 최대의 '사회공헌'입니다. 기업은 돈을 받고 그러한 가치를 고객에게 제공하는 것입니다.

그러므로 직원과 고객은 가치적으로 대등합니다. 물론 금전적 관계로 보았을 때는 위아래가 있겠지요. 하지만 과도하게 저자세로 나갈 필요는 없습니다. 그만큼의 가치를 제공하고 있다는 사실에 자부심을 가져야 합니다.

특히 코어팬은 그 '가치'를 강력하게 지지하는 사람들입니다. 기업이 고객들의 니즈를 해결하는 것에 강하게 공감하며 진심으로 기뻐하는 거죠. 그리고 그것을 돈으로 교환할 수 있다는 사실에 고마움마저 느끼기도 합니다.

그러한 진정한 코어팬은 대등한 취급을 받을 때 오히려 더 기뻐합니다. 그들을 정성스럽게 대접하는 것은 물론 좋습니다. 고마움을 전하고 좋은 경험을 선사해야 하죠. 하지만 너무 저자세로 나갈 필요는 없습니다. 가슴을 펴고 당당하게 자부심을 갖고 코어팬을 대합시다.

바꿔 말하면, 특별대우나 접대를 요구하는 사람은 가족이라 할 수 없습니다. 그들은 절대 코어팬이 아니에요. 심지어 팬이라고 볼 수도 없고요. 그저 일종의 클레이머(기업이나 상품에 온갖 불만을 표시하며 이에 상응하는 대가를 요구하는 사람−옮긴이)일 뿐입니다.

때때로 코어팬은 직원보다 든든하다

코어팬은 가족임과 동시에 때때로 직원보다 든든한 존재입니다.

『내일의 커뮤니케이션』에서 소개한 것처럼, '기업이나 브랜드, 상품과 관련된 글을 SNS 등에 쓴 경험이 있는지'를 조사했더니 다음과 같은 결과가 나왔습니다. 행동양식과 비율을 보면 코어팬의 존재를 알 수 있습니다.

- 공감하는 기업과 브랜드에 관한 개인적인(비공식) 응원 사이트를 만든 적이 있다 - 【3.3%】
- 공감하는 기업과 브랜드의 경쟁상품을 비판하는 글을 쓴 적이 있다 - 【4.5%】
- 공감하는 기업의 SNS가 테러당하는 것을 보고 옹호하는 글을 쓴 적이 있다 - 【2.9%】

- 기업의 SNS에 상품 및 서비스 개선에 관하여 의견을 남긴 적이 있다 - 【6.5%】

조사: 덴쓰 커뮤니케이션 디자인 센터 차세대 커뮤니케이션 개발부

대단하지 않나요? 이는 가족들이나 할 법한 행동입니다. 그리고 코어팬의 말이 강력하고 든든한 이유는 평범한 소비자의 유기적 표현이기 때문입니다. 직원들이 이러한 말을 했다면 오히려 '짜고 치는 고스톱', '스텔스 마케팅'처럼 보여 되레 비난여론이 들끓을 가능성이 있지만, 일반 고객의 솔직한 의견이라 설득력이 있는 것입니다. 그리고 이러한 의견은 [도표 13]에서와 같이 겨우 몇 %에 불과하더라도 금세 수만 명, 수십만 명으로 확산될 겁니다.

누가 시키지 않아도
홍보맨으로 '열일' 하는 코어팬

홍보 자체가 쉽지 않은 요즘 같은 시대에 친구의 유기적 추천이야말로 사람의 마음을 움직이는 최고의 방법이라는 사실은 제2장에서 다룬 바 있습니다. 그리고 제3장에서 밝혔듯 '공감·애착·신뢰'를 강화하면 꽤 많은 팬이 자신과 취향이 비슷한 주변 사람들에게 유기적 추천을 할 것이고요.

그중에서도 좀 더 적극적으로 '전하고 싶어 안달이 난 사람'이 있습

니다. 바로 코어팬입니다. 그들은 굳이 말하자면 '경계선을 넘어 이쪽으로 온 사람'이에요.

예를 들어, 한 라틴밴드가 이번에 라이브 공연을 한다고 해보죠. 그 밴드의 팬이라면 주변 사람들에게 공연 정보를 공유하고 널리 퍼뜨릴 것입니다. 하지만 만약 당신이 팬을 뛰어넘어 '이쪽', 즉 밴드의 '가족'과 같은 위치까지 와버렸다면 어떨까요? 당신은 이미 관계자나 다름없습니다. '팬'에서 한 발짝 더 깊이 들어간 사람이죠.

당신은 아마도 널리 공유하고 확산시키는 것만으로는 뭔가 부족하다고 느낄 거예요. '이번에 공연을 합니다! 와 주세요! 정말 재미있을 겁니다!'라며 적극적으로 알리고 싶을 테죠. 온갖 방법을 모두 동원해 관객을 모으려 할 겁니다. 그리고 그 밴드의 팬을 한 명이라도 더 늘리려 노력할 테고요.

실제로 코어팬은 널리 퍼뜨리는 것에 그치지 않습니다. 적극적이고 집요하게 사람들을 설득합니다. 아직 팬이 아닌 사람, 관심조차 없는 사람을 한 명이라도 더 팬으로 만들기 위해서 말이죠.

'공감→열광, 애착→유일, 신뢰→응원'으로 업그레이드하다

그렇다면 구체적으로 코어팬 전략이란 어떤 것을 말할까요?

기본적인 개념은 제3장 첫머리에서 언급한 내용과 같습니다. 다시 한 번 '팬의 지지를 강화하기 위한 세 가지 법칙'을 떠올려볼까요?

<팬의 지지를 강화하기 위한 세 가지 법칙>

- 가치 자체를 향상시킨다
- 그 가치를 대체 불가능한 것으로 만든다
- 그 가치를 제공하는 측이 좋은 평가 및 평판을 얻게 한다

이 세 가지를 달성하기 위해 제3장에서는 '공감', '애착', '신뢰'를 강화했는데, 이러한 방향성은 코어팬의 경우에도 동일하게 적용됩니다.

공감 → (가치 자체를 좀 더 향상시킴) → 열광

애착 → (대체 불가능한 것으로 만듦) → 유일

신뢰 → (가치를 제공하는 측의 평판을 개선함) → 응원

공감·애착·신뢰를 '한층' 강화하여 업그레이드하는 것입니다. 이를 한눈에 볼 수 있게 [도표 21]과 같이 정리했습니다. 그럼 지금부터 하나씩 살펴볼까요.

[도표 21] 팬의 지지를 한층 더 강화하는 세 가지 업그레이드 방법
: 팬을 코어팬으로 만들어 LTV를 높인다

'열광'하는 대상이 된다

- 중시하는 가치를 좀 더 전면에 내세운다
- '가족'이라 생각하며 함께 가치를 키워나간다

'유일(무이)'한 존재가 된다

- 잊을 수 없는 체험과 감동을 선사한다
- 코어팬과 함께 가치를 창조해나간다

'응원'받는 존재가 된다

- 사람을 좀 더 내세우고 친근한 모습을 많이 보여준다
- 좋은 사회 만들기에 이바지하고, 팬에게 도움을 준다

01

열광하는 대상이 된다

가치에 대한 강한 지지와 소속감이 핵심

'열광'이라고 하니 '꺄아~' 하고 환성을 지르거나 '우오오~' 하고 소리 질러 응원하는 이미지를 떠올릴 수 있지만, 서두에서도 썼듯이 그러한 이미지에서 벗어나야 합니다. 단순하게 '기업이나 브랜드, 상품이 중시하는 가치를 남들보다 더 강하게 지지하는 사람'이라 생각하는 편이 좋겠습니다.

팬들을 그런 존재로 만들려면 어떻게 하면 좋을까요?

우선은 '그 가치 자체를 좀 더 강화해야' 합니다. 기업이나 브랜드, 상품이 어떠한 가치를 중요하게 여기는지를 좀 더 알기 쉽게 전면에 내세웁시다. 그러면 평범한 팬들은 '그래, 맞아, 바로 그거야' 하며 강하게 무릎을 내리치며 한층 더 강한 지지를 보내고 코어팬이 될 것입니다.

가치에 크게 공감한 사람은 당연히 그 '울타리' 안으로 들어가길 원합니다. 가족 같은 존재가 되고 싶어 하죠. 그것이 바로 '소속감'입니다. 그들을 실제로 가족처럼 대우한다면 그들은 한층 더 열광적으로 변할 것입니다.

크게는 이 두 가지가 포인트라고 생각합니다.

(1) 중시하는 가치를 좀 더 전면에 내세운다

코어팬은 가치를 강하게 지지합니다. 즉, 그것을 좀 더 전면에 내세울수록 기뻐하고 열광하죠. 기업의 사명을 전면에 내세우는 것은 물론이고 경영자의 사회적 언행과 다양한 언론 노출 등도 팬들을 열광시키는 효과가 있습니다.

(2) '가족'이라 생각하며 함께 가치를 키워나간다

팬들의 말을 경청하며 팬들이 자신감을 갖고 기뻐할 수 있게 만듦으로써 팬들의 '공감'을 얻습니다. 그리고 공감이 강화된 팬들을 '가족'처럼 대하여 코어팬으로 만듭니다. 가치관이 비슷한 그들과 함께 '중시하는 가치'를 더욱더 높여나가는 거죠.

중시하는 가치를 좀 더
전면에 내세운다

우리의 가치관은 무엇인가

거듭 말하지만, 팬이란 당신의 기업이나 브랜드, 상품이 중시하는 가치를 지지하는 사람입니다. 즉, '중시하는 가치'를 전면에 내세우면 내세울수록 가치관이 비슷한 팬이 그 존재를 발견하고 지지를 보내게 되지요.

제3장에서 말한 것처럼 아직 그 가치 자체를 명확히 알지 못하는 기업도 있습니다. 그러한 기업은 팬들의 말을 반복하여 경청함으로써 공감 포인트를 찾아내야 합니다. 그리고 그렇게 찾은 가치관을 좀 더 전면에 내세워야 하고요.

물론 가치관이 가장 잘 드러나는 것은 '상품'입니다. 팬이 지지하는 가치에 맞게끔 상품을 개발·개량·개선하는 것은 가장 중요한 팬 서비스이며, 코어팬을 만드는 첫 번째 요인입니다.

단, 처음부터 '중시하는 가치'가 무엇인지 어느 정도 분명히 알고 있는 경우에는 우선 그 가치를 명확히 전면에 내세워야 합니다. 그렇게 하면 사람들은 좀 더 쉽게 그 가치를 발견합니다. 현재 팬인 사람도 자신이 지지를 보내는 이유가 한층 명확해져 더욱 좋아하겠지요. 그리고 그중 일부는 코어팬이 됩니다.

우리의 가치관을 한 문장 안에
담을 수 있을까?

고故 스티브 잡스는 'Think Different'라는 브랜드 슬로건을 전 세계에 발표하기 전에, 직원들을 모아 프레젠테이션을 한 바 있습니다 (1997년 9월 23일). 그 스피치의 일부를 살펴보겠습니다.[8]

세계는 아주 복잡합니다. 그야말로 혼돈이 따로 없습니다. 우리가 사람들에게 기억될 수 있는 기회를 얻기란 좀처럼 쉬운 일이 아니지요. 그렇기 때문에 우리가 고객에게 알리고자 하는 것이 무엇인지 명확히 할 필요가 있습니다.

(중략)

나이키가 일용품과 운동화를 판매하는 것은 다들 알고 계시겠지요. 그런데 나이키라고 하면, 단순한 운동화 브랜드와는 다른 무언가가 떠오르지 않습니까? 여러분도 알고 계시듯 나이키 광고에서는 제품에 대한 표현이 일체 나오지 않습니다. 리복보다 더 뛰어난 에어솔 제품이 있음에도 그에 대해 단 한 마디도 하지 않습니다.

그러면 나이키는 광고에서 뭘 하고 있을까요?

훌륭한 선수를 칭송하며 스포츠의 위대함을 찬양하고 있습니다. 그것이 바로 나이키가 하고 있는 것이지요.

(중략)

"고객은 애플이 대체 어떤 회사인지 궁금해한다."

"우리는 대체 어떤 의미를 추구하는가?"

"우리는 대체 이 세상 어디에 존재하는가?"

사람들이 원활하게 일련의 작업할 수 있는 '네모난 물건'을 만드는 것, 이것은 물론 우리의 전문 분야이긴 하지만, 우리가 진짜로 하려는 것은 아닙니다. 아마도 우리는 그것을 그 누구보다도 잘 만들 수 있을 것입니다. 하지만 애플은 그 이상을 바라봅니다.

애플의 핵심, 우리의 핵심적인 가치는 열정을 가진 사람들이 세계를 좀 더 좋은 방향으로 변화시킬 수 있다고 우리 스스로가 믿고 있는 것에서 출발합니다. 그것이야말로 우리가 믿는 바입니다.

스티브 잡스는 이 스피치를 한 뒤, 'Here's to the Crazy Ones'로 시작하는 유명한 'Think Different'라는 광고를 직원들 앞에서 선보였습니다.[9]

이것은 '신뢰' 항목에서 말한 '직원을 최강의 팬으로 만든다'로 이어지는 중요한 과정이기도 한데, 여기에서는 그가 '우리가 믿는 것'을 '명확히 할 필요가 있다'고 말하는 점에 주목해야 합니다. 그는 그것을 알기 쉽고 임팩트 있게 전하기 위해서 'Think Different'라는 짧은 브랜드 슬로건을 만들어 전 세계에 발표했습니다.

슬로건이 발표되었을 당시, 저를 비롯한 애플 팬들이 얼마나 강한 지지를 보내며 열광했는지 모릅니다. '그래, 바로 저거야!', '이게 바로 우리가 사랑하는 애플이지' 하며 애플의 가치를 다시 한 번 깨달았죠. 그리고 사랑해 마지않는 애플을 주변에 적극적으로 추천하면서 마치 가족처럼 필사적으로 사람들을 설득하기 시작했고요.

사명과 사훈을 있는 그대로 전 세계에 어필하더라도 공감을 얻지 못할 것 같다면, 애플의 'Think Different'나 나이키의 'JUST DO IT'처럼 브랜드 슬로건을 만들어 내놓는 방법이 효과적입니다. 그리고 이 또한 일반 소비자보다는 팬과 코어팬을 의식하여 내놓는 편이 좋습니다.

80%에 해당하는 유동층은 안타깝게도 금세 잊어버립니다. 당신이 하는 중요한 말을 진지하게 받아들이고 강한 지지를 보내며 사랑해주는 사람은 20%의 팬, 그리고 4%의 코어팬이죠. 그들의 마음에 좀 더 강하게 와 닿도록 만들어야 합니다.

우리의 가치관을 어떻게 드러낼 수 있을까?

'우리가 중시하는 가치를 좀 더 전면에 내세운다……. 기업이념을 세상에 알리라는 말인가……? 사람들이 그런 데에 흥미를 갖긴 할까……? 흠…….'

이런 생각이 들 수 있습니다. 더 이상 아이디어가 나오지 않는다면, 자기 자신에게 대입하여 생각해보세요.

만약 당신을 다른 사람들에게 판매한다면, 자신의 가치와 가치관을 어떻게 드러내어 상대에게 알릴 건가요? 어떤 유형의 사람이고, 어떤 생각을 하고 있으며, 어떤 방식으로 삶을 살아갈 것인지를 어떻게 어필할 수 있을까요?

이를 테면 나라는 개인은, 개방적인 사람인지 아니면 보수적인 사람인지 말할 수 있을 것이고, 밝은 성격인지, 다소 예민한지, 유행에 민감한지 등 구체적인 설명으로 타인에게 알릴 수 있을 겁니다.

당신 회사의 본사 빌딩을 예로 들어볼까요. 외관과 출입구의 느낌, 안내데스크 직원의 유니폼과 인테리어는 어떤가요? 그런 것들에서 '당신의 기업 고유의 가치관'이 드러나나요? 이는 매장, 상품 포장, 자사 홈페이지, SNS 프로필과 영상, SNS에 올린 사진 등 표출할 수 있는 모든 것에 적용할 수 있습니다. 기업이나 브랜드, 상품의 가치를 이해하고 지지하는 디자이너와 함께 정체성을 통일해가다 보면, 회사가 추구하는 가치를 종합적으로 어필할 수 있을 것입니다.

"아, 그럼 SNS에 올리거나 공감 가는 기사를 공유하는 것도 마찬가지일까?"

그렇습니다. 기업의 SNS 계정은 기업의 일방적인 공지를 올리는 경우가 대부분이지만 그보다는 좀 더 근본적인 생각, 창업자의 뜻, 지금까지의 노력과 실패담을 올려야 합니다. 이를 꾸준히 하다 보면, 기업이 무슨 생각을 갖고 있으며 무엇을 목적으로 하는지가 파급력 있는 SNS 이용자들에게 전달될 것입니다.

또 자사의 가치관과 비슷한 기사가 있다면 그것이 경쟁사의 사례라 하더라도 망설임 없이 공유해야 합니다. 그 기사를 공유함으로써 팬은 당신의 기업이 어떠한 가치관을 가졌는지 알게 됩니다. 이를 실행하기에 가장 쉬운 위치에 있는 사람은 바로 CEO와 경영자이겠지요. SNS에 자신의 개인적인 생각을 자주 올리거나 자신이 공감하는 기사를 공유하는 경영자가 꽤 많습니다. 앞으로 그러한 발신력은 경영자가 갖추어야 할 필수적 자질이 될 것입니다.

"내 일상을 보여주는 것도 가치관을 전하는 데 도움이 될까?"

물론 좋은 방법입니다. 당신이 어떤 사람인지 아주 잘 보여줄 수 있기 때문입니다.

뒤에 나올 마이크로소프트의 사례처럼 실제 직원들의 모습과 사내 분위기를 공개하면 홍보 효과가 있습니다. 기업 내부의 모습이나 행사 등도 가능한 한 적극적으로 보여줍시다.

예를 들어, 북유럽 제품 잡화를 취급하는 인기 쇼핑몰 '호쿠오쿠라시HOKUOH KURASHI'의 운영회사인 쿠라시컴Kurashicom은 직원식당의 모습과 직원들의 출근길 풍경, 직원들의 가택방문 등을 인스타그램 라이브 기능을 사용해 영상으로 내보내 코어팬에게 엄청난 인기를 얻고 있습니다. 가치관이 비슷한 코어팬은 이러한 글과 영상을 매우 좋아하며, 친근감을 느끼고 '가족'이 되어갑니다.

그 밖에도 많은 사례가 있어요. 실제 모습을 있는 그대로 보여주면 팬은 그 가치에 대해 더욱 강한 지지를 보내게 될 것입니다. 그것이 코어팬을 만들고 정착시키는 방법입니다.

'가족'이라 생각하며
함께 가치를 키워나간다

중요한 것은 최초의 관계를
어떻게 설정하느냐는 것

제4장 서두에서 쓴 것처럼, 코어팬과의 관계를 생각할 때 '가족'이라는 이미지를 떠올리면 관계가 훨씬 명확해질 것입니다. 그런데 이는 허물없게 지내라는 말이 결코 아닙니다. 그저 필요 이상으로 굽히고 들어가면 좋은 결과를 얻을 수 없다는 의미입니다.

상대방도 인간이기에 그러한 대우를 받는다면 기분이 좋을 수도 있겠지요. 하지만 정도가 지나치면 어떤 사람들은 그러한 대우를 '당연하게' 여길지 모릅니다.

카페를 예로 들어보겠습니다. 단골이 오면 특별 메뉴를 내오거나 몰래 할인을 해주는 것은 다른 손님을 차별하는 명백한 특별대우입니다. 그 결과, 처음에는 그저 고마워하던 단골도 점점 그것을 당연하게 여기게 되고, 나중에는 자기 입으로 요구하게 됩니다. 나아가서는 다른 손님에게 '나는 여기서 특별대우를 받는 VIP이다'라는 태도를 보이기 시작하고, 마치 자기가 '주인'인 것 마냥 다른 손님들을 내쫓는 사람마저 생길 수 있습니다. 이렇게 되면 '짜증나는 인간이 있는 가게'라는 인식이 박혀 다른 손님들이 발길을 끊고 말겠죠.

이와 마찬가지로 팬 커뮤니티나 SNS도 그러한 '진상 코어팬'이 생겨버리면 나중에 정말 골치 아파집니다.

그렇게 되지 않도록 처음에 '가족'으로 관계를 설정하는 것이 중요합니다. '가족으로서 뭔가 도움을 주고 싶다', '동료로서 함께 뭔가를 하고 싶다'라고 생각하게 만드는 거죠. 오히려 그들은 그렇게 했을 때 더 기뻐할 겁니다.

가령 가게가 너무 바빠서 일손이 부족할 때, 단골에게 "저기, ○○ 씨, 이것 좀 저 손님에게 갖다 줄래요?" 하고 부탁해도 싫은 기색을 보이는 손님은 없습니다. 오히려 좋아할지 모릅니다. 어떠한 소속감을 느끼며 팬들은 소소한 즐거움을 얻는 겁니다.

가족으로서 도움을 받는 앰버서더 프로그램

앰버서더 프로그램이라는 마케팅 전략이 있습니다. 이는 코어팬과 함께 가치를 높여나가는 대표적인 시책입니다. 앰버서더 프로그램 중에는 상품을 주변에 유기적으로 추천하는 홍보 역할을 팬에게 맡기는 패턴이 가장 많습니다. NPS(Net Promoter Score)(순 추천지수)가 높은 사람에게 '당신을 앰버서더로 임명하니 주변 친구들에게 추천해주세요' 하고 부탁하는 이미지를 떠올리면 됩니다.

앰버서더 프로그램 중에는 그 원조격인 네슬레재팬의 '네스카페 앰버서더'가 가장 본질을 꿰뚫고 있다고 생각합니다.

네슬레재팬의 팬은 자신이 부여받은 역할을 수행하면서 자연스레 코어팬으로 성장하고 네슬레와 함께 서비스 개선을 위해 힘쓰고 있습니다.

정작 네슬레재팬 측이 하는 것은 직장에 커피머신을 무료로 대여해주고 몇 차례 방문하는 것이 전부입니다. 나머지는 직장 내 앰버서더가 네슬레재팬에서 전용 커피 카트리지를 정기적으로 구매하고, 모두가 마신 커피요금을 모으며, 커피머신을 유지·관리하는 일까지 모두 도맡아 하고 있습니다. 간혹 직장 동료와 분담하기도 하죠.

처음에는 '직장에서 커피를 마실 수 있었으면 좋겠다', '저렴했으면 좋겠어', '커피가 있으면 다들 모일 텐데', '직장 분위기가 좋아질 것 같아'라고 생각한 누군가가 커피머신을 무료로 대여해준다는 말을 듣고 가벼운 마음으로 응모했을지 모릅니다. 어쩌면 네스카페의 팬이 아니었을 수도 있지요.

하지만 앰버서더라는 역할이 주어지면서 매일 직장에서 네스카페를 접하게 됩니다. 네슬레에서 다양한 지원을 받으며 본인의 의견을 말하고 파티나 캠핑에 초대되거나 하면서 네슬레의 팬이 될 거고요. 매일 네슬레의 가족 대접을 받으면서 점점 코어팬이 되어갈 겁니다.

'네스카페 앰버서더'는 굳이 말하자면 일종의 비즈니스모델에 해당하지만, 코어팬이 기뻐하며 '가족'의 역할을 대신하는 시스템이라는 측면에서 매우 좋은 사례라고 생각합니다. 이에 비해, 앰버서더 프로그램을 하고 있긴 하지만 여전히 코어팬에게 '가족의 기쁨'을 주지 못하고 있는 기업도 많지 않을까요?

다양한 기업의 앰버서더 프로그램 사례에 대해서는 『고객 시점의 기업전략-앰버서더 프로그램적 사고顧客視点の企業戦略─アンバサダープログラム的思考』라는 책에 자세히 나와 있으니 한 번 읽어보길 바랍니다.

코어팬과 함께 가치를 높여나간다

가족과 함께 '가치'를 높여나가는 예로는 다양한 호평과 혹평이 공존하는 아이돌그룹인 AKB48를 들 수 있습니다.

AKB48 운영진도 팬을 완전히 '가족'으로 취급하고, 코어팬도 자신들이 '가족'이라 생각하며 응원을 합니다.

이러한 관계가 만들어지기까지 AKB48은 10년 이상 다양한 활동을 꾸준히 해왔습니다. '직접 만나러 가는 아이돌'이라는 콘셉트를 실제로 구현한 아키하바라 AKB48극장은 겨우 250명밖에 들어갈 수 없는 소극장입니다. 그곳에서 10년 이상 매일 코어팬과의 접점을 만들며

'코어팬이야말로 소중한 존재'라는 어필을 꾸준히 했고, 하루에 장장 6시간이 걸리는 악수회 등을 열어 코어팬에게 기쁨을 줬습니다(이 가치가 와 닿지 않는다면 그것은 당신이 AKB48의 코어팬이 아니라는 증거입니다).

보통은 악수회보다 TV 등에 출연하는 것이 훨씬 효과적이라고 생각합니다. 하지만 그들은 특정 코어팬을 소중히 여기고 거기에 주력했습니다. 그리고 'AKB 총선거'를 통해 AKB48 멤버들의 무대 자리 순서를 정하는 권한도 코어팬에게 맡겼지요.

그 결과, 코어팬들은 AKB48, 그리고 자신의 '원픽One Pick' 멤버의 가족과 같은 존재가 됩니다. 그들은 가족으로서 AKB48을 지지하고 함께 '가치'를 높여나가는 것에 기쁨을 느끼며 다양한 활동을 자발적으로 합니다.

이 사례는 전체적으로 구성이 잘 된 탓에 'AKB상술'이라고도 불립니다. 가끔 폭주하는 팬이 있기도 하지만, 20%의 팬과 4%의 코어팬만 바라보면서 그들과 함께 10년 이상 꾸준히 가치를 높여온 좋은 사례라고 할 수 있죠. 그 지속력이 실로 놀랍습니다. 대박을 터뜨린 후에도 그러한 접근 방법을 바꾸지 않았다는 점도 대단하다고 생각합니다.

그렇기 때문에 설령 대중적인 인기가 사그라지더라도, 코어팬을 중시하는 팬 베이스 시책을 계속하는 한 AKB48 멤버들에 대한 코어팬의 지지는 좀처럼 식지 않을 것입니다. 기업이나 브랜드, 상품에도 응용할 수 있는 좋은 예라고 생각합니다.

02

유일(무이)한 존재가 된다

내 인생에 없어서는 안 될 것

야마구치 히토미는 전집을 갖고 있을 정도로 제가 좋아하는 작가입니다. 그의 명수필 『단골 가게(行きつけの店)』를 보면 구단시타라는 지역에 있는 한 스시집을 이렇게 표현하고 있습니다.

구단시타 스시마사의 전어사리를 먹지 않으면 내 여름은 끝나지 않는다.

당시와 달리 유통이 훨씬 발달한 요즘, 산지가 바뀌어 전어사리(전어의 치어. 옛사리 중 작은 것)의 철은 초여름이 되었습니다. 그래서 이 말과는 조금 맞지 않는 감이 있지만, 전어사리의 계절이 오면 저는 항상 이 말을 떠올리며 '아, 이렇게 무엇과도 바꿀 수 없는 자신만의 가게가 있는 인생도 참 좋겠다'라는 생각이 듭니다.

저는 야마구치 히토미의 '스시마샤'와 같은 존재가 바로 '유일무이'한 것이라 생각합니다(이 책에서는 열광·응원과 함께 통일성을 주기 위해 '유일'이라는 두 글자로 표현할 때가 있습니다). 제3장에서 쓴 '애착'도 '다른 것으로 대체 불가능한 것'인데 '유일'은 그보다 더 강한 관계성을 지닌 '내 인생에 없어서는 안 될 것'에 가깝습니다.

대량 생산된 상품이라면 이용자의 인생에서 꼭 필요한 것이 되기가 어렵습니다. '애착'까지는 가능하겠지만 '유일무이'까지는 힘들지요.

다만 팬 베이스 시책을 통해 그러한 관계와 의미를 상품에 덧씌울 수는 있습니다. 그것이 바로 이 항목입니다.

(1) 잊을 수 없는 체험과 감동을 선사한다

'인생 최고의 경험'이라 할 수 있을 정도로 잊지 못할 강한 체험과 감동을 선사하면, 그 기업이나 브랜드, 상품은 인생의 일부가 됩니다. 다만 기대를 훌쩍 뛰어넘는 체험과 깜짝 놀랄 만한 감동이어야 하겠죠.

(2) 코어팬과 함께 가치를 창조해나간다

상품의 기획개발과 제작과정 등에 코어팬이 참여하도록 합니다. 그러면 코어팬에게 그 상품은 '유일무이'한 것이 됩니다. 팬심이 그다지 강하지 않은 팬들을 모아서 함께 가치를 창조하려는 경우가 많은데, 인생에서 꼭 필요한 것으로 만들려면 좀 더 깊이 있는 참여가 필요합니다.

잊을 수 없는 체험과
감동을 선사한다

잊을 수 없는 체험을 선사한

히로시마 도요카프

프로야구팀 히로시마 도요카프의 시책은 훌륭한 팬 베이스 사례로 넘쳐납니다.

팬을 '가만히 있어도 끊임없는 응원을 보내주는 사람'이라 생각해 소홀히 했던 기존의 전략을 철저한 팬 베이스 전략으로 바꾸어 흑자 전환에 성공한 사례이기도 하죠. 다양한 시책이 있지만 여기에서는 도쿄에 사는 팬을 히로시마에 초대한 사례를 소개하고자 합니다.

구단은 약 500만 엔으로 팬들에게 도쿄-히로시마 왕복 티켓을 선물했습니다. 초대를 받은 관동지방의 여성 팬은 148명(총 응모인원은

2,305명)이었습니다. 구단은 팬들을 극진히 대접했습니다. 모든 팬들에게 특제 도시락을 주는 등 신칸센 안에서부터 극진한 대우가 시작되었어요. 승차권을 확인할 땐 전前 프로야구선수인 다카하시 켄이 등장하여 한바탕 함성이 쏟아졌고요. 구단의 마스코트인 스리리SLYLY와 팬들 사이에서 유명한 구단 공식 카메라맨 야마베 구미도 등장했습니다.

경기장에 도착한 후에도 완벽한 접대가 이어졌습니다. 파티 형태로 야구를 관람할 수 있는 '파티 베란다' 좌석에는 다양한 음식이 준비되어 있었습니다. 화려하진 않지만 정성이 담긴 메뉴들이었죠. 시세이도와의 콜라보레이션으로 메이크업 강좌를 열었고, 시합 전 깜짝 게스트로는 팬들에게 신이나 마찬가지인 전前 프로야구선수 마에다 도모노리가 등장해 함성을 자아냈습니다. 또 마에다 선수가 직접 경기 해설을 하고 기념촬영까지 해주었어요. 마지막에는 자축의 의미가 담긴 돈 봉투와 주고쿠신문 호외를 나누어주기까지 했습니다.

철저히 팬의 입장이 되어 기획한 이 이벤트에 대해 도요카프의 기획팀장 겸 홍보실장인 노다이라 마코토 씨는 이렇게 말합니다.

"구단 측의 '감사'의 마음을 전하고자 이벤트를 실시했습니다. 그래도 경기 티켓은 당연히 본인이 부담하도록 합니다. 투어를 진행해서 관동지역 팬을 늘리려던 것은 아닙니다. 관동지역에서 도요카프를 응원해주는 분들은 히로시마에 오고 싶어도 교통비를 매번 내야 하는 것이 부담스러울 겁니다. 히로시마에 와서 경기를 직접 관람하라는 마음에서 시작한 것이지, 관동지역 여성 팬을 특별대우하려던 것은 아닙니다. 모처럼 히로시마에 왔으니 '즐거웠다'고 느낄 수 있도록 메이크업 강좌나 선물 등 다양한 이벤트를 기획했습니다."[10]

이미 그 전부터 팬이었겠지만, 이 이벤트에 참가한 팬은 그때부터 확실히 도요카프가 '인생의 유일무이한 존재'로 자리매김했을 겁니다.

야구 같은 스포츠는 팬이 생명인데, 확실히 팀의 성적이 좋으면 팬은 늘어납니다. 하지만 그렇게 늘어난 팬은 팀 성적이 부진하면 곧바로 빠져나가버리는 유동층이지요. 이 이벤트에 참가한 팬들은 코어팬이 되어, 도요카프의 성적이 부진해도 빠져나가지 않고 변함없는 응원을 보내주는 존재가 될 것입니다. 그러한 소수(매출의 대부분을 차지하는 소수의 팬)를 확실히 붙잡아두는 것이 팬 베이스 전략입니다.

예상을 훌쩍 뛰어넘는 팬 이벤트

열광 항목에서 다룬 '네스카페 앰버서더'에서 '앰버서더 캠프'라는 1박 2일 이벤트를 개최하기에 참가한 적이 있습니다.

이즈 지역에 위치한 캠프장을 통째로 빌려 앰버서더와 그 가족을 100명가량 초대해 텐트에 묵게 하는 이벤트였습니다. 각종 액티비티를 즐기고 함께 카레를 만들며 즐겁게 캠핑을 했지요.

그러던 중 예상 밖의 잊지 못할 체험을 했습니다. 밤에 스태프가 "이 벤트가 있으니 광장으로 모여주세요"라고 말하기에, 뭔가 하나보다 싶어 가벼운 마음으로 텐트를 나와 광장으로 향했어요. 그런데 글쎄, 일본의 전설적인 인기 밴드 '고메고메클럽米米CLUB'의 멤버인 이시이 타쓰야가 등장하는 겁니다.

사전에 아무런 말도 없었기에 모든 앰버서더가 깜짝 놀랐습니다. 그도 그럴 것이, 장소가 이즈의 산 속 외진 지역이었기 때문이거든요. 관객은 100명 남짓이 전부였습니다. 그는 쏟아질 듯 별이 가득한 하늘 아래서 '별에게 소원을星に願いを'과 고메고메클럽의 히트곡인 '낭만비행浪漫飛行' 등을 불러주었습니다. 앰버서더 중에는 감동받아 눈물을 흘리는 사람도 있었습니다. 이것도 '유일무이'를 만드는 체험 중 하나겠지요.

다음 날, 모닝커피를 마시면서 옆에 있는 앰버서더가 이런 말을 했습니다.

"이야, 난 앞으로 평생 네스카페의 팬이 될 거야!"

가족이자 동료인 팬과 함께 즐긴다

어쩌면 히로시마 도요카프와 네슬레재팬의 이러한 기획을 보고, '코어팬이 가족이나 마찬가지라면 이 정도로 극진하게 대접할 필요는 없지 않나?' 하고 생각하는 사람이 있을지도 모르겠습니다. 그러나 잊을 수 없는 체험을 만든다는 점에서 대접은 중요합니다. 단, 중요한 점은 '대등함'입니다. 너무 저자세를 취하지 않게 주의하세요.

앰버서더 캠프에서는 네슬래재팬의 직원과 이벤트를 진행하는 스태프 모두 앰버서더를 상대로 절묘한 거리감을 유지하고 있었습니다. 반말까지는 아니지만, 현장에는 극진히 모셔야 하는 손님이 아닌 대등한 관계라는 느낌이 가득했고 함께 어울리며 캠프를 즐겼습니다. 바로 이것이 포인트예요.

그 포인트가 좀 더 명확히 드러나는 것이 다음 사례입니다.

'요나요나 에일Yona Yona Ale' 맥주의 제조·판매사 요호 브루잉YO-HO Brewing Company이 주최하는 팬 이벤트 '초연超宴'은 팬을 팀의 일원으로 받아들인다는 느낌으로 진행됩니다. 이와테 나오유키 사장은 한 기사에서 이렇게 말했습니다.[11]

"우리가 실시하는 팬과의 만남 이벤트도, 말하자면 팬과 팀빌딩을 하는 것입니다.

처음 보는 사람에게 개인적인 것을 대놓고 물어볼 수는 없지 않습니까? 그렇기 때문에 처음에는 저희가 유도를 하면서 팬과 함께 서로 자연스레 알아갈 수 있는 '자기 소개 시간'을 갖고 있습니다.

그리고 팬에게 반드시 '닉네임을 쓴 명찰'을 달도록 합니다. 그 외에도 '팀별로 퀴즈를 푸는 퀴즈대회' 등의 레크리에이션을 합니다. 예를 들어, '초연'의 경우에는 저녁 무렵이 되면 다들 꽤 친해져 있습니다. 밤에는 1,000명의 팬과 스태프가 모여 캠프파이어를 하면서 손을 맞잡고 동그랗게 둘러서서 춤을 추거나 합니다.

팬을 늘리기 위해 팬들이 좋아할 법한 것들을 조사하다 보면 어느 정도 팬들의 만족도는 올라갈 것입니다. 하지만 우리처럼 '친구인 팬과 함께 즐긴다'는 것을 전제로 해놓고서, 스태프끼리 의견이 맞지 않아 삐걱대거나 팬들을 대하는 태도가 사무적이라는 생각이 들면 팬은 금세 차갑게 돌아설 테지요.

요호 브루잉 같은 경우에는 직원이 먼저 즐긴 후 그것을 고객에게 함께 즐기자고 권합니다. 진심으로 고객을 생각하면서 유도하기 때문에, 요나요나 에일을 좋아하는 팬이 조금씩 늘어나는 것이 아닐까 하고 생각합니다."

요호 브루잉 홈페이지에 그날의 분위기를 잘 느낄 수 있게 특별히 만든 '초연' 사이트가 있는데, 팬들과 직원들이 함께 격의 없이 어울려 즐거운 시간을 보내는 그날의 모습을 볼 수 있었습니다.

이와테 씨는 다른 기사에서 이런 말도 한 적이 있습니다.[12]

"다들 '이걸 하면 매출에 얼마나 효과가 있을까?' 하고 금세 매출과 연관 지으려 하기 때문에 좀처럼 시도하기가 쉽지 않습니다.

'왜 이런 걸 하는 거야?', '이게 매출에 정말 도움이 되긴 합니까?'라고 이야기하는 사람도 있는데, 그럴 때마다 '아니요, 이건 정말 중요합니다. 팬의 지지 없이는 불가능하니까요'라고 대답합니다.

결과적으로 그 덕분에 팬들은 충성도와 애착, 지지해주고 싶은 마음이 생기고 여러 사람에게 퍼뜨려줍니다.

(중략)

고객을 기쁘게 할 수만 있다면 매출은 저절로 따라오게 되어 있고 경영
에도 도움이 됩니다.

상당히 어려운 선택이었는데, 다행인지 불행인지 우리 같은 경우에는 힘
들었던 시기가 있었기 때문에 어쩌다 보니 그러한 과정을 밟게 되었고,
그래서 용기를 갖고 실천에 옮길 수 있었지요.”

대등하게 대접하고 함께 즐기기. 이것은 간단한 듯 보이지만, 관련
된 직원 모두가 팬에 대한 기본적인 자세를 통일하지 않으면 좀처럼 쉽
지 않은 일입니다. 그러므로 기획하고 실행하기 전에, 어떠한 자세로 팬
을 대할지 직원들끼리 깊이 공유할 필요가 있습니다. 그것이 어려울 때
는 의욕적인 직원 몇 명과 일단 소규모로 해보는 것이 좋습니다. 이벤
트는 코어팬과 몇 시간 동안 함께 있는 것인 만큼, 피상적인 태도를 보
였다가는 팬들에게 금세 들통나버릴 겁니다.

잊지 못할 '진실의 순간'

이벤트처럼 '잊을 수 없는 체험'을 만들기 위한 시책도 있지만, 사실
평소에 하던 사내교육과 현장교육이 효과를 보이는 경우도 많습니다.

다음에 드는 사례는 제 친구가 본인이 겪은 경험을 페이스북에 쓴
것입니다. 이 단 한 번의 '강렬한 진실의 순간'으로 JTB 여행사는 그녀
에게 유일무이한 존재가 되었습니다.

금요일까지 케언즈에 발이 묶이나 싶었는데, 우여곡절 끝에 다행히 어젯밤에 돌아올 수 있었습니다. 원래는 화요일에 케언즈에서 나리타로 가는 직항편으로 돌아올 예정이었는데, 그 항공기가 기체 결함으로 인해 결항되었습니다. 그런데 항공사가 JTB를 통해 제시한 대체항공편의 출발일은 금요일이었습니다.

만약 어른들뿐이었다면 공짜로 휴가가 연장되는 셈이니 완전히 땡잡은 것이나 마찬가지였겠지만, 두 살배기 아이를 데리고 앞으로 4일이나 더 머물러야 한다니 앞이 캄캄했습니다. 갈아입힐 옷도 없고 기저귀도 부족한 데다 익숙하지 않은 음식을 계속 먹는 것도 그렇고…… 총체적 난국이었지요. 그래서 이러한 사정을 설명하고 항공편 변경이나 환불이 가능한지 문의를 했지만, 항공사가 이미 결정한 사항이라 JTB 측은 어찌할 도리가 없다는 말만 되돌아오더군요.

항공사에서 제공해준 싸구려 호텔에 멍하게 앉아 있었는데, 오후 4시쯤 JTB에서 전화가 걸려왔습니다. 현지 JTB와 항공사 간에는 협상의 여지가 없었지만, JTB재팬에 문의했더니 수요일에 케언즈에서 브리즈번을 경유하여 나리타로 들어오는 항공편에 공석이 생겼다는 것이었습니다! 당장 그 항공편으로 바꾸었지요.

하지만 지금부터가 제가 진심으로 감동을 받은 포인트입니다. 다음 날 새벽 4시에 케언즈의 JTB 직원이 호텔에 픽업을 와서 탑승할 때까지 배웅을 해주고, 아침 7시에 도착한 브리즈번 공항에서도 현지 가이드가 기다렸다가 환승을 도와주는 게 아니겠습니까!

화요일 저녁 무렵에 이 루트로 변경한 후 항공편 예약뿐 아니라 현지 직원까지 보내어 도와주는 것도 감사한데, 이렇게 이른 새벽에 나오는 직원이 있다는 사실에 정말 놀랐습니다. 조직적 대응력이 정말 뛰어나더군요. 같은 루트로 돌아오는 여행객이 몇 팀 있었다면 '뭐, 일이니까'라고 생각했겠지만 그때는 정말 우리 가족 한 팀뿐이었습니다. 인건비도 안 나올 것 같았지요.

코알라 안아보기, 캥거루 먹이주기, 그레이트 배리어 리프의 거북이, 남반구의 별자리…… 이 모든 것보다 JTB의 대응에 감동받은 일이 훨씬 강렬한 추억으로 남았습니다.

그래서 앞으로 제가 여행 전문가가 된다고 해도, 아무리 여행 비교 사이트가 편리하다 해도, 저는 JTB를 통해 여행하리라고 결심했습니다.

지금껏 그녀는 JTB에 대해 아무런 생각이 없었다고 합니다. 그런데 단 한 번의 경험으로 JTB는 그녀에게 단번에 유일무이한 존재가 되었습니다. 팬을 건너뛰고 한순간에 코어팬이 된 거죠.

진실의 순간에 대해서는 제3장에서 이미 설명한 바 있는데, 현장, SNS, 콜센터 등을 통해 조금씩 그러한 순간을 만들어나가다 보면 어느새 평생 아군이 되어줄 코어팬이 생길 겁니다.

또 그러한 순간을 만들어준 직원과 해당 에피소드를 사내에 공유하고 칭찬하면, 직원을 '최강의 팬'으로 만들 수 있을 뿐 아니라 사내 전체에 '정말 소중한 가치'가 무엇인지를 공유할 수도 있겠지요.

코어팬과 함께 가치를 창조해나간다

공동 가치 창조는 코어팬과 함께가 아니라면 의미가 없다

공동 가치 창조Co-Creation란 한마디로 팬들과 함께 상품을 개발한다는 의미입니다. 팬이 참여함으로써 기업 측은 팬의 의견을 반영하여 개발할 수 있습니다. 팬은 참여했다는 사실 자체에 감격하여 '이거, 개발할 때 나도 참여했어!'라고 친한 친구에게 말하거나(유기적 도달) SNS에 올리겠지요.

한편, 결점이 없는 훌륭한 시책이라 생각되는 '공동 가치 창조'를 실제로 오용하는 경우가 꽤 많습니다. '참가자를 코어팬 중에서 뽑지 않은 것'입니다. 대부분 공모를 통해 일반 참가자를 모집하고, 실제 회의

와 온라인 설문조사 등을 병행하면서 개발을 진행시켜왔습니다.

네이밍이나 디자인이라면 공동으로 해도 무방합니다. 하지만 상품 개발을 일반인과 함께하게 되면 무난하고 최대 공약수적인 상품이 만들어질 뿐, 별로 의미가 없습니다. 매출로 이어지지도 않죠.

그러나 만약 코어팬과 함께한다면 결과는 달라질 것입니다.

코어팬은 기업이 중시하는 가치를 누구보다 잘 이해하고 있기 때문에, 그에 기반을 두고 가족의 마음으로 진지하게 협력합니다. 일반 이용자는 자신의 취미와 센스에 근거한 아이디어를 내놓을 뿐입니다. 이 둘은 엄연히 달라요.

5명의 열성팬과 공동 가치를 창조한
마쓰다 '아텐자'

마쓰다의 주력 세단인 '아텐자'는 2009년 말, 신차를 개발하기 전에 전 세계에서 5명의 코어팬을 선발해 그들의 의견을 반영하면서 개발을 진행했습니다.

이것이 앞서 말한 '일반 이용자가 참여한 공동 가치 창조'와 어떻게 다른지는 더 설명할 필요도 없습니다. 일반 이용자와의 공동 가치 창조는 '고객의 의견을 주의 깊게 듣고 만들었다'라는 식의 '면피용'으로는 의미가 있겠지만, 팬이 원하는 포인트를 정확히 짚어낸 매력적인 상품은 절대 만들 수 없겠지요.

또 지금까지 거듭 말했듯이, 팬은 새 팬을 만들어줍니다. 다시 말해, 그 팬에 포커스를 맞춘 상품개발·개량·개선은 새 팬을 만드는 것과 직결됩니다.

이렇듯 함께 가치를 창조하면, 팬들 사이에서 '마쓰다는 팬의 니즈를 제대로 반영하여 자동차를 만들고 있다', '역시 마쓰다는 팬의 마음을 잘 이해한다'라는 애착과 신뢰가 퍼져나가 자연스레 코어팬이 생겨나는 효과가 있습니다. 게다가 이 '개발 스토리'는 아텐자라는 차종에 드라마를 입혀 '애착'을 더욱 강화하는 효과가 있고, 모든 것을 공개하여 팬이 '핵심 작업'에 참여할 수 있도록 하는 것은 마쓰다자동차라는 기업 자체에 대한 '신뢰'를 강화하는 효과가 있습니다.

1년간 코어팬과 함께 신상품을 개발하는
가루비 '쟈가리코'

학교를 콘셉트로 삼은 가루비 '쟈가리코'의 온라인 팬 커뮤니티, '가자! 쟈가리코校'는 10년간 지속되고 있는 우수한 사례입니다.

이 커뮤니티는 학교를 콘셉트로 삼았기 때문에, 4월에 새학기가 시작되고 3년 후에 졸업하는 독특한 시스템을 취하고 있습니다. 입학시험에 합격해야 가입할 수 있는 회원제 사이트이기도 하므로, 팬심이 강한 팬만 들어갈 수 있는 시스템이죠(이 부분이 중요합니다).

그리고 3년 동안 여러 기획에 참여하도록 하는데, 이 과정을 통해 팬들은 하나둘씩 코어팬으로 성장합니다. 그중에 가장 큰 학교 행사가 '공동 가치 창조'입니다. 가루비는 매년 '쟈가리코'의 학생들과 함께 1년 동안 하나의 상품을 만들어냅니다. 1년간 상품 콘셉트부터 맛, 포장, 캐치프레이즈, 프로모션 제안까지 함께 만들어가는 거죠.[13]

그리고 4월에 학생들로부터 새로운 맛에 대한 아이디어를 1,000개 이상 받아 그중에서 담당자가 약 40개를 추리고, 다시 학생들의 투표를 통해 최종적으로 한 가지 맛을 선정합니다.

여기서 주목할 점은 거의 매달 새로운 맛을 출시하는 '쟈가리코' 중 팬 커뮤니티 '가자! 쟈가리코'에서 코어팬과 함께 만든 상품이 연간 매출 1위를 기록하는 경우가 많다는 것입니다. 코어팬과의 공동 작업이 제대로 기능하는 좋은 사례라고 할 수 있습니다.

C to C(캠퍼 to 캠퍼)로 소통하는
스노우피크

캠핑용품을 제조·판매하는 스노우피크의 예는 공동 가치 창조이자 고객을 가족으로 만드는 사례이며, 잊지 못할 체험을 제공하고 팬 미팅을 실시한 좋은 사례이기도 합니다. 이를 공동 가치 창조 항목에서 소개하는 이유는, 팬들과 함께한 체험이 곧바로 상품개발로 이어졌기 때문입니다.

그들은 고객을 '스노우피커'라 부르면서 가족처럼 대했습니다. 야마이 도루 사장은 매년 약 4,000~5,000명의 스노우피커와 함께 몸소 캠핑을 했고, 현재까지 사장이 함께한 누적 캠핑 인원은 무려 10만 명 이상이라고 합니다. 야마이 사장은 이렇게 말합니다.

> "경리직이나 공장에서 제품을 제조하는 현장직은 평소에 외부인을 접할 기회가 별로 없는데, 그런 이벤트가 있으면 전원 참여합니다."

게다가 본사 자체가 그 캠핑장 안에 있습니다.

즉, 직원들은 스노우피커들이 상품을 실제로 사용하는 모습을 매일 보고 그들의 반응을 직접 느끼면서 일합니다. 궁극의 '공동 가치 창조'인 셈입니다. 다음은 야마이 사장의 말입니다.[14]

> "회사 입장에서는 모든 이용자를 만족시키고 싶기 때문에, '우리랑 같이 이야기해요', '우리 팀에 합류해요' 하고 부탁하는 것입니다. 우리는 B with C에 기반한 회사, 즉 새로운 고객과의 관계를 하나하나 쌓아나가는 회사를 만들고 싶습니다."
>
> "물건에는 물질적 가치와 정신적 가치가 있는데, 모든 비즈니스에서 정신적 가치의 중요성이 점점 커지고 있습니다. 그 정신적 가치라는 측면에서 우리는 압도적으로 승리하고 싶습니다."

현재 스노우피크는 'B with C'에서 한 발짝 더 나아가 'C$_{camper}$ to C$_{camper}$'를 추구하고 있습니다. 직원들 스스로가 캠퍼가 되어 일반 캠퍼들과 소통함으로써, 좀 더 정신적 가치를 향상시켜 캠퍼를 미소 짓게 만든다는 개념입니다. 그것을 체감하고 함께 가치를 창조할 수 있는 장이 바로 '함께하는 캠핑'입니다.

이러한 꾸준한 노력과 평소 기업이 가진 가치관과 태도 덕분에 코어 팬의 마음을 움직이고 사로잡을 수 있었습니다. 특히 기업을 대표하는 사장이 솔선하여 직접 그러한 노력을 기울이는 것이 회사 밖은 물론이고 직원들에게도 얼마나 좋은 영향을 끼치는지는 이루 표현할 수 없습니다.

03

응원받는 존재가 된다

구매란 응원 그 자체이다

응원하고 싶은 기업은 어떤 기업일까요? 팬이 남들 앞에서 공공연하게 응원할 수 있는 상황이란 어떤 상황을 말하는 걸까요?

이번 '응원' 항목에서는 이러한 것들에 대해 생각해보고자 합니다.

코어팬은 '신뢰'하는 기업이나 브랜드, 상품을 적극적으로 '응원'하고 싶어 합니다. 공개적으로 힘찬 응원을 보내고 싶어 하죠. 이 항목에서는 '응원할 만한 요소'를 조금씩 늘려나가는 시책을 살펴보려 합니다.

응원은 단순히 주변 사람들에게 하는 유기적 추천만을 의미하지 않습니다. 구매 자체도 응원에 속하죠. 코어팬 입장에서는 '파이팅!', '앞으로도 계속 이용할 테니 계속 좋은 상품을 만들어줘'라며 한 표를 던지는 행위인 것입니다.

불미스러운 일이나 힘든 상황이 닥쳤을 때도 코어팬은 구매를 통해 응원을 보냅니다. '지금은 힘들겠지만 이 역경을 뛰어넘어 앞으로도 우리를 위해 좋은 상품을 계속 만들어줘' 하고 구매를 통해 그 마음을 전하는 것입니다.

그러한 마음을 가질 수 있게 '신뢰'를 한층 강화하여 '응원'으로 업그레이드시키자는 것이 바로 이 항목의 핵심입니다.

(1) 사람을 좀 더 내세우고 친근한 모습을 많이 보여준다

사람들이 응원하는 것은 기업이나 물건이 아니라 바로 사람입니다. 그러므로 '이런 사람들이 일하고 있다'라는 것을 제대로 보여주어 응원하고 싶은 마음이 더욱 커지게 만들어야 합니다. 바로 직원을 전면에 내세워 보여주는 것이죠. 스타 직원을 만드는 것도 좋은 방법입니다.

(2) 좋은 사회 만들기에 이바지하고, 팬에게 도움을 준다

사회적 선행이란 세상에 도움이 되는 활동입니다. 기업은 사람들의 니즈를 해결하고 있으니 기업의 본업 자체가 사회적 선행인데, 좀 더 응원을 받는 존재가 되려면 그 폭을 넓힐 필요가 있습니다. 또 팬에게 도움이 될 만한 일을 현장에서 꾸준히 하는 것도 매우 중요합니다.

이 항목이 끝나면 제4장도 끝이니, 조금만 더 힘을 내어 하나씩 간단히 살펴봅시다.

사람을 좀 더 내세우고
친근한 모습을 많이 보여준다

'악의 제국' 같았던

마이크로소프트의 이미지가 바뀐 순간

맥 이용자이기도 한 저는 마이크로소프트가 싫었습니다. 특히 2000년 초 즈음의 마이크로소프트 말입니다. 이미지는 그야말로 최악이었고, 주변에서도 '악의 제국'이라고 부를 정도였습니다. 왠지 신뢰가 가지 않았어요.

그런데 어느 순간 그 이미지가 확 변했습니다. 제 마음도 한순간 바뀌서 놀랐거든요.

마음이 바뀐 건, 마이크로소프트사의 한 직원이 비디오카메라를 손에 들고 사내를 활보하며 직원들의 적나라한 일상을 담아 그 영상을 공식 홈페이지에 올리기 시작한 후부터입니다. 그 영상에는 '사람'이 찍혀 있었습니다. 너무도 인간적인 사람들 말이에요. 또 그들은 매우 자부심을 갖고 일하는 사람들이었습니다. 자연스럽게 웃으며, 즐겁게 일하고 있는 사람들을 볼 수 있었습니다. 억압된 분위기는 없었고, 심지어 당당하게 자사에 대한 불만을 이야기하는 직원도 있었습니다.

'어? 내가 생각했던 이미지와 완전 다른데? 연기 같지도 않고……', '회사 분위기가 이런 걸 보면 좋은 회사 같은데?', '이런 사람들이 만든 제품이라면 생각보다 괜찮을지도 몰라' 하는 생각이 언젠가부터 들었습니다.

그 후, 마이크로소프트 제품에 대한 생각이 약간 바뀌었습니다. 뭘까요? 저는 결국 '사람' 때문이라고 생각합니다. '이런 사람이 일하는 회사라면……'이란 생각에 응원해주고 싶은 마음이 아주 살짝 든 거죠.

참고로 저는 '잘 훈련받은 애플의 개'이기 때문에, 그런 일이 있었어도 마이크로소프트의 팬이 되지는 않았습니다. 하지만 제가 만약 애플의 충견이 아니었다면 단번에 마이크로소프트의 20% 팬이 되었을지도 모릅니다.

'사람'을 효과적으로 보여주는 것은 그만큼 기업 이미지를 바꾸는데에 도움이 됩니다. 홈페이지 채용 페이지에서 직원을 소개하는 기업이 많은데 그것만으로는 부족합니다. 아마도 취업을 준비하는 학생들밖에 보지 않을 것이기 때문이죠. 어떻게 하면 좀 더 '사람'을 보여줄 수 있을지 고민해야 합니다.

구마모토 쓰루야백화점의
'사람과 물건의 이야기 전展'

'사람'을 보여주는 방식을 하나 소개하고자 합니다.

오랜 역사를 지닌 구마모토 현縣 쓰루야백화점은 직원들이 선정한 추억의 상품과 그에 얽힌 '에피소드'를 전시회로 열고 서적을 출간했습니다. 전시회에서는 직원들의 사진과 개인적인 에피소드가 전시회 가 벽에 큼지막하게 걸렸습니다.

대체 그게 뭐가 재미있느냐고 묻는 사람이 있을지도 모르겠습니다. 하지만 지금까지 익명의 존재였던 직원들이 '나름의 추억을 지닌 하나 의 인간'으로 다가옴으로써 그 백화점에 대한 인상은 확 바뀌었습니다. 삭막하고, 다소 비인간적으로 보이던 빌딩이 '사람이 있는 장소'로 보이 는 거죠. 게다가 백화점의 상품력과 품질은 '직원'을 보고 평가됩니다. 그들을 전면에 내세워 보여주면 응원하고 싶은 마음이 더욱 강해지겠 지요.

이를 본 고객들이 '아, 이런 사람이 일하는 회사였구나', '이 사람들 이 이러한 생각을 갖고서 이 제품을 팔고 있구나'라는 생각이 들면서 그 스토리와 드라마에 '애착'을 느끼게 되고, 그와 동시에 각각의 '사람' 에 대해 더 신뢰하게 될 것입니다.

백화점을 자주 찾던 팬이라면 '어머, 식품매장에 있던 그 사람이 네!', '오, 항상 고객들을 상대하던 ○○ 씨가 이런 사람이었구나' 등과 같이 좀 더 구체적으로 그 '사람'에 대해 알게 되고 '이런 사람이 파는 물건이라면 응원하고 싶다'라는 마음이 들 것입니다.

물론 이 기획은 직원들의 의욕을 고취시키는 데에도 도움이 되며, 판매하는 상품의 매력을 어필하는 효과도 있습니다. 지역밀착형 백화점이라 지연과 혈연을 의식한 기획이기도 한 듯합니다.

이제 저는 쓰루야백화점을 생각하면 자연스럽게 사람의 얼굴이 떠오르고 체온이 느껴집니다. 또 이 이벤트를 통해 마음속으로 조용히 응원을 보내게 되었고요.

유명한 스타 직원이 있다면
그 사람의 자연스러운 모습을 많이 보여주자

대외적으로 유명한 직원이 있다면 그 사람을 좀 더 전면에 내세우는 것이 좋습니다.

그것은 창업자나 사장일 수도 있고 수완이 뛰어난 점원이나 스타 개발자, 표창을 받은 장인, 업무와 관련이 없는 기술을 가진 특이한 직원일 수도 있습니다. 컴플라이언스 위반이냐 아니냐는 제쳐두고, 그 사람의 '있는 그대로의 모습'을 인정하고 외부에 더욱 알림으로써 그 '사람'을 좀 더 많이 보여주는 겁니다. 그것은 기업에 대한 응원으로 이어질 것입니다.

또 그러한 사람과 팬들의 만남을 늘리는 것도 '응원'으로 이어집니다. 같은 인간으로서 그 사람의 '있는 그대로의 모습'에 공감하기 때문입니다.

칼럼니스트이자 아이돌 평론가인 나카모리 아키오 씨는 이렇게 말합니다.

"아이돌의 조건은 얼마나 예쁘냐가 아니라 응원하고 싶은 마음이 드느냐 여부입니다."

특히 요즘 일본의 아이돌 중에는 미인이라기보다는 주변에서 흔히 볼 수 있는 평범한 스타일이 많습니다. 즉, 우리 주변에 있을 법한 평범한 사람들이에요. 그렇기 때문에 더 응원하고 싶은 겁니다. 있는 그대로의 자연스러운 모습, 일상적인 모습, 노력과 고뇌 등을 제대로 보여주는 것이 좋습니다.

물론 그 사람이 미디어 등에 노출되면서 그 사람이 속한 회사를 싫어하는 사람이 나올 수도 있고, 비판하는 여론이 생길 위험도 있습니다. 하지만 거듭 말씀드리건대, 모두에게 사랑받을 필요는 없어요. 단 20%로도 충분합니다. 20%의 팬에게 사랑받고 신뢰를 얻는 것이 중요합니다.

'그러한 스타 직원'이 아직 없다면 당장 만들 필요가 있습니다. 어느 회사이건 간에 스타 직원이 될 만한 후보는 있는 법입니다. 스타 직원을 미디어와 팬들 앞에 자주 노출시키는 것은 생각보다 중요합니다.

딱히 아는 사이는 아니지만, 이럴 때 떠오르는 사람이 있습니다. 바로 마쓰다자동차 로드스터의 개발자인 야마모토 노부히로 씨입니다.

'찾아가는 개발자'로 잘 알려져 있어, 일본 국내 팬들은 그를 만나고 싶어 야단입니다. 미디어에 많이 노출된 것도 아니지만, 팬 앞에 자주 등장해서인지 팬에게는 스타 개발자죠.

그러한 직원을 만드는 것이 좋습니다. 이는 응원받는 존재가 되기 위해 필수적인 방법입니다.

좋은 사회 만들기에 이바지하고, 팬에게 도움을 준다

공공연하게 응원할 수 있는

요소를 늘려나간다

이 항목의 서두에서 썼듯이, 팬은 '신뢰'하는 기업이나 브랜드, 상품을 적극적으로 '응원'하고 싶어 합니다. 코어팬의 경우는 그러한 마음이 더욱 강해서, 공개적으로 당당하게 응원하고 싶어 하죠. 그러니 우리가 할 일은 그들이 응원할 만한 요소를 조금씩 늘려가는 것입니다.

시대가 변하여 요즘은 사회공헌 요소를 늘려야 응원을 받기 쉽습니다. 좋은 사회를 만들기 위해 우리 기업이 할 수 있는 일이 무엇인지 고민해보는 것입니다. 재차 이야기했지만, 기업의 첫 번째 역할은 사회공헌입니다. 사람들의 니즈를 해결하고 사회적 요구를 해결하며 고용을 창출한다는 측면에서 말이죠.

거기서 한 발짝 더 나아가, 각자 기업의 사업 구조의 연장선상에서 사회를 위해 이바지할 수 있는 여러 가지 방법들이 있습니다. 그중 몇 가지를 예로 들어보겠습니다.

- 원죄적 책임을 다하기 위해 기업이 사회공헌 활동을 하는 CSRCorporate Social Responsibility(예를 들어, 상품을 제조하기 위해 강을 오염시켰기 때문에 강을 정화하는 활동을 하자는 것 등을 말함)

- 이익을 내면서 좀 더 광범위한 사회적 요구를 해결해나가는 CSVCorporate Shared Value(예를 들어, 인도 농부들의 부족한 위생관념 때문에 질병이 만연하자 위생용품을 만드는 회사가 시장을 형성해 주민과 함께 위생환경을 개선해나가는 것 등을 말함)

- 인간과 사회, 지구환경을 생각하여 상품을 만들어내는 에티컬Ethical(생산 시 개발도상국의 아동 노동 문제 등과 같은 사회문제와 환경문제를 일으키지 않는 원료를 사용하여 제조하는 것 등을 말하며, 공정무역 상품이나 기부 상품 등이 해당함)

- 세계의 지도자들이 UN 정상회의에서 채택한, 2030년까지 이행해야 하는 '지속가능한 개발 목표'인 SDGsSustainable Development Goals(국제사회의 공통된 목표로서 최근 주목을 받기 시작함)

- 재해나 방재 등의 지원활동(동일본대지진 때 볼 수 있었던 긴급 지원, 장기 지원, 본업과 무관한 지원, 본업과 관련된 지원 등 다양한 사례가 있음)

- 근로환경을 개선하여 직원의 행복을 추구하는 화이트기업(흔히 말

하는 블랙기업의 반대이며, 특히 젊은이들은 이 부분을 유심히 봄)

이러한 요소를 늘려, 대놓고 당당하게 응원할 수 있는 환경을 만든 다면, 팬과 코어팬은 기뻐하며 적극적으로 유기적 추천을 할 것입니다. 그리고 물론 그러한 활동이 확산되면 팬과 코어팬은 늘어날 수밖에 없 겠지요.

지나친 겸손은 지양하고
어필할 건 확실히 어필하자

언젠가 대학생들과 직원들이 토론을 한 적이 있었는데, 그때 한 학 생이 이런 질문을 했습니다.

"왜 공정무역 같은 걸 하지 않나요?"

그랬더니 당황한 직원은 이렇게 말했습니다.

"아뇨, 합니다. 하고 있습니다. 업계에서도 제일 먼저 시작했다고 할 수 있지요. 저기, 혹시 모르셨습니까……?"

"아, 하고 계시군요. 알았다면 더 많이 샀을 텐데요."

"아~!"

물론 세상에 이렇게 의식 있는 학생들만 있는 것은 아니지만, 여기 서의 핵심은 전달해야 할 정보를 제대로 전달하지 못했다는 점입니다. 업체 입장에서는 나름 홍보를 했을 것입니다. 홈페이지를 봐도 확실히 그러한 내용이 있었거든요. 하지만 그것만으로는 홍보가 부족했던 모양입니다.

기부 등과 같이 사회공헌의 성격이 있는 내용을 어필할 때는 기부 사실을 생색내는 모양새가 되지 않게 다들 겸손을 떠는 경향이 있습니다. 개인적으로 그 마음은 충분히 이해합니다. 좋은 일을 자기 입으로 말하기도 민망한데, 하물며 전면에 내세워 홍보하려니 부끄러운 마음이 들 수도 있겠죠.

하지만 적어도 당신의 기업을 지지하는 팬에게는 좀 더 확실히 전달되도록 노력해야 하지 않을까요?

팬들은 궁금해합니다. 홈페이지에 게재하는 것뿐 아니라 팬들의 눈에 쉽게 띌 수 있는 방법을 다양하게 연구하세요. 팬들의 눈에 띄는 가장 확실한 수단은 상품 포장과 상품에 동봉된 팸플릿과 전단지라고 봅니다. 이런 것을 통한다면 틀림없이 전달되지 않을까요?

기업이 사회공헌 활동을 했다는 것은 팬이 지불한 돈이 사회공헌에 쓰였음을 의미합니다. 그 점을 팬에게 전달한다고 해서 뻔뻔하다고 할 수 있을까요?

괜히 응원하고 싶어지는
'먼 친척보다 가까운 야마구치'

저도 모르게 응원하게 되는 요소는 사회적 선행 말고도 다양합니다. 본업과 관련된 현장에서도 다양하게 만들어낼 수 있죠.

도쿄 도都 마치다 시市에 있는 전자제품 전문점 '덴카노야마구치'는 주위에 늘어선 대형 마트보다 가격이 2배 이상 비싼데도 매출이 크게 늘어 20년 연속 흑자를 기록했습니다. 대형 마트와 서비스 면에서 차별화를 두기 위해, 무료 출장방문 서비스를 제공하고 고객들의 각종 요구에 일일이 응답하는 철저한 고객 서비스를 실시한 덕분입니다.

그래서 '먼 친척보다 가까운 야마구치'라는 말이 생겨났죠.

이 가게는 '2층에 있는 큰 짐을 1층으로 옮겨 달라', '베란다 청소를 해 달라', '장보러 갈 때 동행해 달라', '벌집을 제거해 달라' 등과 같이 전자제품과 아무런 관련이 없는 요청까지 모두 들어주면서 고객과 강한 유대감을 쌓았습니다.

가전제품 영업사원의 수는 20명 정도입니다. 한 사람이 약 400곳을 담당하는데, 매일 10곳 정도 고객의 집을 방문해 필요한 것이 없는지 물어보고 무료로 '도움'을 줍니다.

고령자가 많은 지역임을 고려하여, 지역의 영세사업자가 대형 마트를 상대로 해볼 수 있는 전략은 무엇이 있을지 강구한 끝에 찾은 방법일 겁니다. 이는 특수한 사례입니다. 하지만 여기에는 전형적인 '응원 소비(응원하기 위해 상품을 구매함)'의 힌트가 숨어 있습니다. 고객은 '최대한 도움을 주려는 모습'에 감동을 받아 팬이 되고, '어차피 사야 한다면 야마구치에서 사자'는 생각에 마트보다 2배나 비싼 가격을 지불하면서까지 야마구치의 고객이 되는 것입니다.

그리고 비싼 가격을 지불했기 때문에 마음 편히 영업사원에게 잡일을 부탁합니다. 그런 식으로 팬은 코어팬이 되고, 그들이 주변 사람들에게 널리 홍보함으로써 업체에 대한 평가는 점점 좋아집니다.

단, 갑을관계가 되거나 지나치게 저자세로 나가지 않도록 주의해야 하겠죠. 가치를 제공하고 있으니 직원과 고객은 '대등'한 관계입니다. 덴카노야마구치의 영업사원은 고객과 동네 친구처럼 친하게 지냅니다. 그렇기 때문에 고객도 '가족'의 마음으로 응원하고 상품을 구매합니다. 집에 와주는 영업사원의 실적을 조금이라도 올려주려고 '응원 소비'를 하는 거죠.

사장인 야마구치 쓰토무 씨는 약 20년 전 대형 가전마트에 둘러싸여 절체절명의 위기를 맞은 적이 있습니다. 3만 명 정도였던 고객이 1만 명으로 줄어든 상황에 처했지요. 그런데 이렇듯 철저한 고객 서비스를 실시하여 멋지게 살아남은 겁니다. 그는 최근 기사에서 이렇게 말했습니다.[15]

"100명의 고객보다 1명의 열성팬을 만들 수만 있다면, 고객 수가 줄어도 오히려 이익은 늘어납니다.

하지만 20년이 지나니 야마구치에서도 고객 감소를 걱정하는 직원이 나오더군요. 예전에 고객 수가 대폭 줄어든 이후에 입사한 젊은 직원들은 성공체험이 없습니다. 그렇기 때문에 과감하게 고객을 '포기하지' 못하는 것이지요. 그래서 저와 오래 근무했던 직원들이 예전의 성공체험을 이야기해주면서 '우선 해보자. 결과는 반드시 따라올 테니까'라고 설득하고 있습니다."

지역에 도움 되는 일을 하는 이온

마트와 할인매장들도 고심하여 아이디어를 짜내고 있습니다.

유통그룹 이온AEON의 가사이 지점은 그 지역에 시니어 고객이 많다는 점을 고려하여, 개점시간을 이전보다 2시간 앞당긴 아침 7시로 바꾸었습니다. 그리고 4층 이벤트 홀에서 매일 아침 라디오체조를 실시했습니다. 또, 4층에 총 길이 180미터의 걷기 코스를 마련하여, 비오는 날과 너무 덥거나 추운 날에도 시니어 고객들이 걸을 수 있도록 만들었습니다. 그리고 주변에 바둑과 장기를 둘 수 있는 커뮤니티 공간도 마련했죠.

시니어 세대는 아침 일찍 이온 가사이 점 4층에서 라디오체조를 하고 코스를 따라 걸은 뒤, 카페나 커뮤니티 공간에서 쉬다가 아래층에서 쇼핑을 하고 집에 돌아가는 것이 정해진 하루 일과가 되었습니다. 한 TV 프로그램에서 "매일 이온에 오는 것이 삶의 낙"이라고 인터뷰한 시니어 고객이 있었을 정도죠.

그리고 그것은 수치로도 나타났습니다. 4층 고객 수는 20%가 증가하고 매장 전체 고객 수는 10%가 증가한 겁니다.[16]

이온의 타 지점에서도 아이를 동반한 가족 단위 고객을 위해 그들이 필요로 하는 서비스가 무엇인지 파악하고 실시하고 있습니다. 이는 물론 고객유치를 위해서입니다. 고객들도 그 점은 잘 알고 있습니다.

하지만 그 밑바탕에 '확실하게 도움을 주려는' 마음이 깔려 있는지를 팬들은 아주 예리하게 꿰뚫어봅니다. 허접한 커뮤니티 공간과 성의 없는 이벤트 등을 제공하는 쇼핑몰과 마트가 많은 상황에서 이것은 훌륭한 시도라고 생각합니다. 이러한 자세에 팬들은 의리로 보답하고 응원을 보내는 것입니다.

이상으로 제3장과 제4장에 걸쳐 구체적인 팬 베이스 시책에 대해 살펴보았습니다.

'당장이라도 가능한' 시책부터 '다소 무리인 듯한' 시책까지 여러 가지 전략을 살펴보았는데요, 이러한 전략들을 전부 취해야만 팬 베이스를 완성할 수 있다는 말은 결코 아닙니다. 이중에서 무언가 하나만 했는데도 효과를 볼 수 있고, 다음 장에서 설명할 '단기·단발성 시책과의 조합'을 통해 좀 더 큰 효과를 얻을 수 있는 팬 베이스 시책도 있을 것입니다.

특히 지금까지 팬 베이스에 기초한 마케팅 전략을 취하지 않았던 기업으로서는 꽤 힘들 수도 있지만, 차근차근 사소한 것부터 시작하다 보면 팬의 모습이 보일 것입니다. 일단 한 걸음 내딛고 가능한 범위 내에서 시작하기를 추천합니다.

지금 바로 팬 베이스를 적용해볼 수 있는 세 가지 패턴

단기·단발성 시책과 중장기 팬 베이스 시책을 조합하면 훨씬 효과적이다. 그러므로 그 둘을 조합하는 '통합구축' 방법을 생각하는 것이 좋다. 통합구축은 세 가지 패턴으로 나누어지며, 현재 통합구축의 효과지표로는 NPS가 가장 적합하다.

지금 하고 있는 마케팅과
팬 베이스 전략을 조합하려면

　지금까지 팬 베이스의 필연성과 구체적인 시책 몇 가지를 살펴보았는데, 지금부터는 '단기·단발성 시책'과 '중장기 팬 베이스 시책'을 조합하는 '통합구축'에 대해 설명하고자 합니다.

　'공감·애착·신뢰·열광·유일·응원'을 강조하다 보니 오로지 머릿속에 '팬 베이스'밖에 남아있지 않을 텐데, 제1장에서 말했듯이 단기·단발성 시책은 여전히 중요하고 필요한 전략입니다.

　그리고 이 둘을 조합하면 훨씬 효과적입니다.

　단기·단발성 시책은 그 브랜드와 상품을 좋아하는 팬들을 만족시켜 그들이 유기적 추천을 할 수 있게 '계기'를 만들어줍니다. 한편, 중장기 팬 베이스 시책은 단기·단발성 시책이 화제를 모아 매출을 향상시킬 수 있게 '토대'를 만들고 그 가치를 널리 퍼뜨려주는 '지지 모체'를 형성하죠.

또한 단기·단발성 시책이 임팩트는 있지만 요즘 같이 정보와 엔터테인먼트가 넘쳐나는 시대에는 사람들에게 쉽게 전달되지 않을뿐더러, 만약 전달된다 하더라도 금세 잊히고 맙니다. 그러므로 팬 베이스 시책을 통해 팬의 마음을 확실히 붙잡아야겠죠.

즉, 중장기 팬 베이스 시책이 제대로 기능하면 단기·단발성 시책이 좀 더 효과를 발휘한다는 의미입니다. 이 둘을 조합하면 시너지 효과가 나면서 훨씬 강력해질 겁니다.

그러니 둘을 조합해봅시다. 그러기 위해서는 제1장에서 설명한 [도표 2], [도표 4]와 같이 단기·단발성 시책과 중장기 팬 베이스 시책을 조합하는 '통합구축'이 필요합니다.

이해관계자와의 오리엔테이션을 앞둔
우리들의 자세

만약 당신이 광고회사의 담당자라면 '현실적으로 힘들다'라고 생각할지도 모릅니다. 왜냐하면 대체로 하나의 프로젝트를 위해 모인 오리엔테이션 자리에서는 따로 별도의 제안이 필요한 어떤 것들이 이야기

되거나 요구되지 않기 때문이죠.

예를 들어, 어떤 상품이 발매 50주년을 맞았다고 했을 때 오리엔테이션은 대충 이런 분위기로 진행됩니다(물론 실제로는, '상품 특성', '콘셉트', '타깃', '기간과 타이밍', '예산', '실행체제' 등 다양한 설명과 요구를 주고받겠지요).

50주년을 맞아, 이 상품이 한 번 더 사람들의 입에 오르내리도록 소비를 환기시킬 수 있는 효과적인 광고 캠페인을 제안해주세요.

즉, 오리엔테이션에서는 단기 캠페인 시책을 요구하는 경우가 많고, 중장기 시책은 거의 요구하지 않습니다. 딱 잘라 '필요 없다'고 말하는 경우도 많고요.

하지만 그렇다 하더라도 예산을 꽤 쏟아부어야 하는 캠페인이 일회적인 깜짝 캠페인으로 끝나도 괜찮을까요? 아깝지 않나요? 막대한 비용과 시간, 인적자원이 소요되는 일인데, 더욱더 충분한 검증이 필요하지 않을까요?

그 부분에 대해 실제로 어떻게 생각하는지 본사와 거래처, 광고회사와 컨설팅회사, 외부협력회사 등의 생각을 면밀히 들어보아야 합니다. 회사의 큰 기회비용과 미래가 달린 문제니 말입니다.

그래서 일단은 오리엔테이션에 성의를 보이고 원만한 분위기를 위해, 첫 번째로는 캠페인을 통한 소비 진작을 최우선 과제로 삼고, 더불어 지속적으로 실시할 수 있으며 캠페인이 끝나도 매출이 감소하지 않는 방법을 제안해야 한다고 생각합니다.

저라면 오리엔테이션에서 이렇게 말하겠습니다.

> 50주년을 맞아, 이 상품이 한 번 더 사람들의 입에 오르내리도록 소비를
> 환기시킬 수 있는 효과적인 광고 캠페인을 제안해주세요. 단, 일회성에
> 그치지 않고 캠페인 효과를 자산화할 수 있으며 캠페인 종료 후에도 안
> 정적으로 매출이 상승할 수 있도록 기획해주시길 바랍니다.

캠페인에 예산을 투입하는 목적이 단기적인 화제성 때문만은 아니기 때문입니다.

우리의 진짜 목적은 '사람들의 니즈를 해결하는 이 상품을 캠페인 기간뿐 아니라 그 후에도 오래도록 안정적으로 판매하는 것'이 아닐까요? 예전과 달리 '전달하기 힘든 시대'가 되었으니 이러한 진정한 목적을 성실하게 추구해야 하며, 기업 담당자도 그 점을 고려하여 오리엔테이션을 진행해야 합니다.

물론 예산의 한계라는 문제가 있습니다.

하지만 그렇기 때문에 더욱더 '의미 있는' 단기·단발성 시책을 시행해야 합니다. 예산이 한정적일수록, 효과가 오래 지속될 수 있는 중장기 팬 베이스 시책에 일부 예산을 할애하고, 기존에 하던 전략들을 조합하는 '통합구축'을 꾀해야 한다고 봅니다.

현실적으로는 오리엔테이션에서 늘 하던 대로 단기적 시책인 A안을 내고, 중장기 팬 베이스 시책과 조합한 B안은 한 번 슬쩍 내밀어 보는 식으로 진행될 수 있겠지요. 하지만 시대적·사회적 변화로 보았을 때 향

후 우리는 필수적으로 B안을 선택해야 할 겁니다.

통합구축의 세 가지 패턴

이 책에서 '세 가지'라는 표현을 남발하는 것 같아 미안하지만(딱히 의도한 것은 아닙니다), 여기에서도 통합구축은 세 가지 패턴으로 나눌 수 있습니다.

(1) 중장기 팬 베이스 시책만으로 구축한다

단기 캠페인이나 단발성 시책을 실시하지 않고 처음부터 중장기적으로 천천히 팬을 늘려나가는 것을 목표로 삼는 기업이 여기에 해당합니다. 강력한 브랜드 파워가 필요하며, 이미 어느 정도 팬을 확보한 상태여야 하죠. 또한 캠페인 등을 펼칠 예산이 없는 기업과 소규모 및 지역밀착형 기업 등도 이 방법을 택하는 경우가 많습니다.

(2) 단기·단발성 시책으로 첫 번째 팬을 만든다

새로 출시된 상품과 무명상품, 창업한 지 얼마 되지 않은 벤처기업 등이 여기에 해당합니다. 우선 단기 시책으로 인지도를 높이고, 그것을 기반으로 조금씩 팬을 늘려 규모를 키우는 방법입니다. 단, 규모를 급격히 확대할 필요가 없는 경우에는 일단 소수의 팬을 확보해 (1)의 방법을 꾸준히 실시할 수도 있습니다.

(3) 중장기 팬 베이스 시책을 중심으로 단기·단발성 시책을 병행한다

단기·단발성 시책을 시행하기 전에 중장기 팬 베이스 시책을 먼저 시행하는 방법입니다. 기본적으로 (3)이 가장 효과적입니다. 출시 후 시일이 조금 경과한 경우, 상품이 존재하는 한 팬은 분명히 존재합니다. 팬을 중시하여 LTV를 높이고, 그와 함께 단기·단발성 시책을 시행하여 시너지 효과를 노리는 방법입니다.

지금부터 하나씩 살펴볼 텐데, 자신이 담당하는 상품이 (1), (2), (3) 중 어디에 해당되는지 판단한 후 그 부분의 설명만 읽어도 무방하리라 생각합니다.

중장기 팬 베이스 시책만으로 구축한다

팬을 중시하여 LTV를 높이고

팬을 늘려나간다

이것은 제3장, 제4장에서 설명한 팬 베이스 시책을 꾸준히 시행하여 조금씩 매출을 증가시키는 방법입니다.

[도표 22]는 파레토 법칙을 전제로 한 것입니다.

20%의 팬이 매출의 80%를 책임지고 있다는 사실을 도식화한 것인데, LTV 상승과 점차적인 팬 증가로 인해 그 80%의 매출이 81%, 82%로 늘어가는 과정을 약간 과장하여 그렸습니다.

미시적으로 보면 [도표 23]처럼 됩니다(알기 쉽도록 LTV 상승과 팬 증가를 나누어 그렸지만 실제로는 동시에 일어납니다).

[도표 22] 팬의 LTV 상승과 매출의 증가

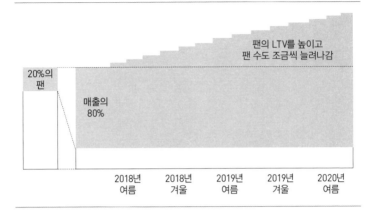

팬의 LTV를 높이고
팬 수도 조금씩 늘려나감

20%의
팬

매출의
80%

| 2018년
여름 | 2018년
겨울 | 2019년
여름 | 2019년
겨울 | 2020년
여름 |

[도표 23] 팬 베이스를 통한 LTV 상승과 매출 증가

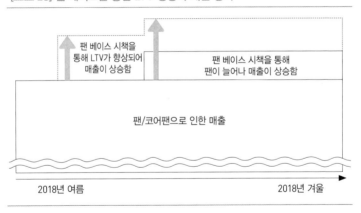

팬 베이스 시책을
통해 LTV가 향상되어
매출이 상승함

팬 베이스 시책을 통해
팬이 늘어나 매출이 상승함

팬/코어팬으로 인한 매출

2018년 여름   2018년 겨울

물론 이 두 도표처럼 계단식으로 상승하는 것도 아니고, 팬 베이스 시책을 시작하자마자 효과가 나타난다는 보장도 없습니다. 즉, 이렇게

순조롭지는 않죠. 오르락내리락하면서 조금씩 궤도에 진입한다고 생각하면 됩니다.

하지만 일단 박차가 가해지면 팬들의 유기적 추천도 효과를 발휘하므로, 중장기적으로 보면 매출 감소 없이 상당히 안정적인 수익을 유지할 수 있습니다.

문제가 있다면 '안정적이기는 하나 시간이 꽤 많이 걸린다'는 점입니다. 그래서 기업은 단기 시책과 단발성 시책을 함께 펼치는 것을 많이 검토합니다. 이 부분은 경영 판단이 필요합니다.

예를 들어, 스타벅스의 CEO였던 이와타 마쓰오 씨는 한 인터뷰에서 이렇게 말했습니다.

"TV 광고 등 매스미디어를 이용한 광고는 브랜드 구축과 매출 향상으로 이어지지 않습니다. 스타벅스의 경우에 비추어 말하자면, 브랜드를 알리는 가장 좋은 수단은 매장입니다. 본래 그 기업과 개인이 지향하는 바는 브랜드에 여실히 드러나는 법인데, 주어진 사명을 우직하게 다함으로써 지향점이 드러나고 그것이 많은 사람에게 자연스레 스며들어 브랜드가 되는 것이지요. 브랜드는 이렇게 만들어집니다. 그러므로 스타벅스의 경우 매스미디어를 사용한 브랜드 구축은 큰 의미가 없다고 생각합니다.

사명을 지키고 지속적으로 성장하기 위해서는 교육과 인재에 의지하는 부분이 필연적으로 커질 수밖에 없습니다. 그러므로 성장 속도에 맞춰 인재를 육성하면 문제가 없지요. 하지만 보통은 빠른 성장을 우선적으로 추구하기 때문에 인재 육성 및 훈련은 뒷전입니다.

경영자라면 누구나 빨리 성장하고 싶다고 생각할 테지요. 하지만 성장만을 추구하다 보면 엉뚱한 장소에 매장을 내거나 하는 사태가 발생할 수 있습니다. 그것은 다른 매장에도 영향을 미쳐 전체적인 품질 하락과 브랜드 이미지 훼손을 초래하게 됩니다. 진정한 프로는 세세한 것까지 놓치지 않습니다. 세세한 부분을 놓치지 않으면서 성장하는 것이 중요합니다."[17]

즉, '세세한 부분을 놓치지 않으면서 성장을 추구한다'라고 했을 때, 스타벅스처럼 매스광고 등을 일절 하지 않고 매장(접점)을 중시하여 공감·애착·신뢰를 강화함으로써 조금씩 성장해나가는 방법을 선택하는 것도 경영 판단입니다.

이는 각 상품군에 따라 판단이 달라질 수도 있고, 그 브랜드와 상품의 '상황'에 따라 달라질 수도 있습니다. 다시 말해, 성장 중인 브랜드와 상품이라면 중장기 팬 베이스 시책만으로도 어느 정도 박차를 가할 수 있을 것입니다.

반대로 성장이 부진한 상품이나 상황이 좋지 못한 상품은 팬 베이스로 토대를 만들고 단기 캠페인 등으로 자극을 주어야만 그 상황을 개선할 수 있습니다.

먼저 소수의 코어팬을 만든다

제로베이스에서 팬을 만들어나갈 때, 단기 시책을 사용하지 않고 중장기 팬 베이스 시책만 시행할 수도 있습니다. 예산이 없는 경우나 원래 사업규모가 작은 경우 등은 이 방법을 통해 팬을 차근차근 늘려나갈 수밖에 없습니다.

우선은 몇 십 명이라도 좋으니 가치를 강하게 지지해주는 코어팬을 만든 다음, 그들의 의견에 귀를 기울이고 문제를 개선하여 진정한 '내 편'으로 만드는 겁니다. 모니터링 요원을 선발해 상품을 이용하게 하더라도 코어팬이 되는 사람은 그중 극소수에 불과한데, 모집단이 어느 정도는 필요하므로 일단 코어팬과의 만남을 추진하여 그들의 의견에 귀를 기울여야 합니다.

그리고 그 의견 가운데 코어팬이 특히 열광하는 '편애 포인트'를 꼽아 홍보함으로써 유기적 추천이 좀 더 쉽게 화산될 수 있게 만듭니다.

이때 중요한 점은 '편애 포인트를 전면에 내세우는 것'입니다.

초기에 팬을 만들 때 불안한 마음에 여러 사람의 의견을 반영해 최대 공약수적인 광고를 만드는 경우가 있는데, 코어팬을 만든다면 그들이 특히 열광하는 편애 포인트만을 추려내 홍보하는 것이 좋지요. 단기·단발성 시책을 시행하지 않기 때문에(예산이 어느 정도 있을지도 모르지만), 주변 사람들에게 그 상품의 존재를 알리는 방법은 코어팬을 통한 유기적 도달뿐입니다. 그러한 유기적 도달이 활발히 이루어지도록 초기에는 코어팬의 '편애 포인트'를 추려내야겠죠.

단기·단발성 시책을 통해 첫 번째 팬을 만드는 것부터 시작한다

우선 '입덕의 경계선'까지 데리고 오자

제로베이스에서 팬을 만들어나가야 할 때 어느 정도 예산이 있다면 단기 캠페인 시책을 먼저 시행하는 편이 좋습니다. [도표 24]는 팬이 아예 없는 상황에서 단기 캠페인 시책을 시행한 것입니다. 사다리꼴의 좌측이 '인지도(노출량과 관심도에 따라 인지한 사람)'를 의미하고 우측이 '구매(구매자)'를 의미합니다.

구매자 가운데 일부는 '입덕의 경계선'까지 옵니다. 당연히 100%는 아니겠죠. 캠페인에 혹해서 잠시 이용했지만 그 후로 이용하지 않는 사람일 수 있어요. 그중에서 '입덕의 경계선까지 온 사람'을 팬으로 끌어들이려면 팬 베이스 시책을 통해 '공감', '애착', '신뢰'를 강화해야 합니다.

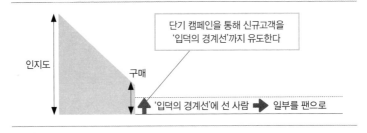

[도표 24] 팬이 아예 없는 상황에서의 단기 캠페인 효과

단기 캠페인을 통해 신규고객을 '입덕의 경계선'까지 유도한다

인지도

구매

'입덕의 경계선'에 선 사람 ➡ 일부를 팬으로

단골을 예로 들면, 당신의 가게를 어떠한 방법으로든 알려서(캠페인), 단 몇 명이라도 가게를 찾는 상황을 만드는 겁니다. 그렇게 찾아온 손님들 중에서 가게를 보고 '여기, 괜찮네~'라고 생각하는 사람이 바로 '입덕의 경계선에 선 사람'입니다. 이 사람의 마음을 확 붙잡아야 합니다. 그것이 제3장, 제4장에서 설명한 팬 베이스 시책입니다.

물론 갑자기 '팬'이나 '코어팬'이 되는 사람도 있습니다. '우와~ 여기 엄청 마음에 들어. 또 와야지!' 하며 첫눈에 반했다는 듯 지지를 보내는 사람도 가끔은 있지요. 그러한 경우에도 그들의 마음을 붙잡을 수 있는 팬 베이스 시책이 필요합니다.

'입덕의 경계선'에 선 사람을 어떻게 하면 좋을까?

그러면 어떻게 해야 [도표 24]처럼 구매자를 팬으로 만들 수 있을까요? 단기·단발성 시책을 중장기 팬 베이스 시책과 연계하는 방법을 몇 가지 사례를 들어 소개하고자 합니다.

• 화제가 된 콘셉트를 기초로 팬 베이스 시책을 시행한다

그 단기 시책이 나름의 화제를 모아 성공한 캠페인이라면, 그로 인해 얻은 호감을 쭉 유지해나가기 위해서 똑같은 콘셉트로 중장기 팬 베이스 시책을 시행하는 것입니다.

예를 들어, 제1장 서두에서 소개한 세제업체의 캠페인이 '엄마 사랑해!'라는 콘셉트라고 했을 때, 그것이 화제를 모았다면 그 콘셉트에 대한 공감을 더욱 확산시킬 수 있는 팬 베이스 시책을 시행해야 합니다. 공감 전략과 애착 전략을 '엄마 사랑해!'라는 콘셉트에 맞게 응용하여 중장기적으로 전개해나가는 거죠.

일회성에 그쳐도 좋으니 일단 눈에 띄고 보자는 식의 단기 캠페인과 버즈 마케팅은 팬 베이스 시책으로 이어지지 않습니다. 팬 베이스 시책으로 이어나갈 수 있는지 여부를 고려하여 단기·단발성 시책을 기획하는 것이 바람직합니다.

• '참여의 장', '툴tool', '이벤트' 등을 마련한다

예를 들어, '엄마 사랑해!'의 경우, 단기·단발성 시책 등을 통해 호감을 갖게 된 사람을 위한 '참여의 장'으로, '엄마 사랑해!'와 관련된 콘텐츠를 올리고 다 함께 참여할 수 있는 스페셜 사이트를 만들어 중장기적으로 이어나가는 것입니다. 또한 '엄마 사랑해 툴'이나 '사랑하는 엄마 대모집 이벤트' 등 단기 캠페인과 연계시킨 다양한 시책도 공감 및 애착 형성으로 이어질 수 있겠죠.

▪ 디지털 외에 연계할 수 있는 다른 방법을 내놓는다

단기 캠페인 등에 연계할 때는 아무래도 온라인 전략으로 편중되기 쉽습니다. 사이트를 참여의 장으로 만들거나, 간이 팬 커뮤니티를 만들거나, 사이트에서 팬의 공감 포인트를 하나의 코너로 만드는 등 여러 가지 방법이 있겠죠.

하지만 일본에는 이메일과 LINE을 할 때만 인터넷을 활용하는 사람이 많다는 점을 염두에 두어야 합니다. 그러므로 오프라인 전략도 필요합니다. 그러한 경우에는 중장기 팬 베이스 시책으로 매스미디어를 사용하는 방법도 충분히 생각해볼 만합니다. 예를 들어, 〈세계의 어머니〉라는 5분짜리 TV프로그램을 제작해 '엄마 사랑해!'라는 콘셉트와 연결 짓는다면 팬들은 자신감을 얻을 테고, 이는 공감과 애착으로 이어질 겁니다.

매스미디어를 활용할 만큼의 예산이 없는 경우에는 오프라인 매장과 마트를 이용하여 이벤트를 열거나 상품 포장에 메시지를 적어 넣는 등 직접적인 홍보 방법을 모색할 필요가 있습니다.

'입덕의 경계선에 선 사람'이란 '조금만 더 부추기면 팬이 될 것 같은 사람'입니다. 만약 단기·단발성 시책을 통해 호감을 갖게 된 사람이라면(이는 정보와 엔터테인먼트가 넘쳐나는 요즘 같은 시대에 매우 귀중한 존재이죠), '입덕의 경계선'을 넘어 팬이 될 수 있도록 그들이 호감을 느낀 바로 그 콘셉트에 맞추어 시책을 시행하는 것이 관건입니다.

상품 외의 요소로 혹한 사람은
붙잡아두기 힘들다

연예인이 나오는 광고나 선물 기획 등에 대해 한마디만 하겠습니다.

광고업계에서는 일단 고객의 흥미를 유발하기 위해 연예인을 기용합니다. 인기 탤런트나 아티스트를 광고 등에 기용하여 상품의 인지도를 높이려는 전략이죠.

그러한 경우 광고모델로 나오는 인기 연예인의 수많은 팬은 모두 그 상품을 인지하게 됩니다. 어쩌면 실제로 구매를 할지도 모르죠. 하지만 (당연한 말이지만) 그것은 상품력이 아니라 연예인의 영향력 때문입니다. 연예인의 영향력이 강하면 강할수록 순간적인 매출 상승폭이 엄청나 기업이 '대박이다', '팬이 대거 늘었어!'라고 착각하기 쉬운데, 그들 중에는 아직 '상품의 팬'이 아닌 사람들이 많으므로 주의해야 합니다.

그러한 상품이야말로, 연예인의 영향력에 힘입어 불타나게 팔릴 때 팬 베이스 시책을 실시하여 상품의 팬으로 만들어야 합니다. 연예인의 인기가 시들해지거나 해당 연예인이 불미스러운 일에 휘말리기라도 하면 그때는 이미 때가 늦습니다.

실제로 모 상품 브랜드가 젊은 여성들 사이에서 인기가 있는 연예인을 광고에 기용하자마자 상품이 날개 돋친 듯 팔린 사례가 있습니다. 하지만 한동안 불타나게 팔리다가 어느 순간 매출이 뚝 떨어졌지요. 캠페인 기간 동안 그 연예인의 팬들이 너도나도 그 상품을 구매했지만 그 현상이 오래 지속되지는 않았습니다. 구매는 했지만 결과적으로 다들 그 상품의 팬이 되지는 않았던 겁니다.

상품을 구매했을 당시에 '상품의 팬'으로 만들기 위해서는 다음에 설명할 (3)과 같은 준비를 해야 하는데, 만약 그러한 대비가 되어 있지 않다면 고객의 마음을 붙잡기란 상당히 어려울 것입니다.

연예인을 기용한 광고가 아닌 선물 기획, 경품 증정, 할인 판매 등으로 고객의 관심을 끄는 캠페인도 마찬가지입니다. 그러한 미끼에 낚여 구매한 사람들을 '상품의 팬'으로 만들기 위해서는 상품 구매와 동시에 팬이 될 수 있도록 미리 준비해두는 것이 매우 중요합니다. 공감과 애착 전략으로 단단히 무장할 필요가 있습니다.

매스캠페인이 잘 먹히는 사람도 여전히 많다

앞서 말했듯이 '도쿄는 별세계'입니다.

인터넷을 활용하는 사람은 주로 도쿄 등 대도시에 살고 있으며, 대도시는 정보와 엔터테인먼트가 넘쳐서 캠페인이 개인에게까지 도달하기가 쉽지 않습니다. 만약 도달했다 하더라도 금세 기억에서 잊히고 말죠. 이 점은 제2장에서 설명한 바 있습니다.

한편, 대도시권 바깥에 살고 있는 '인터넷을 활용하지 않는 사람들'은 모래폭풍처럼 휘몰아치는 정보와 인터넷에서 넘쳐나는 엔터테인먼트를 경험하지 못합니다. 여전히 매스광고가 먹히며 단기 캠페인 시책도 일회성에 그치지 않고 오래 기억될 가능성이(대도시권 사람들보다) 훨씬 큽니다.

그러한 점을 고려하면 제2장에서와 같이 구분지어 생각하는 방법도 가능하죠. 대도시에서는 제5장 (1)처럼 팬 베이스를 중심으로 하고, 그 외의 지역에서는 매스미디어를 이용한 단기 캠페인을 활용하는 것입니다.

매스캠페인은 주로 도시권이 아닌 지방에서 실시합니다. 특히 TV 광고의 송출료도 지방이 더 저렴하기 때문에 예산을 절약할 수 있을 겁니다. 그렇게 절약한 예산을 도시권과 지방의 팬들을 위한 팬 베이스 시책에 사용하는 겁니다.

아직 팬이 없는 신상품이라면?

아직 인지도가 매우 낮거나 새로 출시된 상품이라 하더라도, 만약 그 기업이 지금까지 수차례 상품을 출시해온 회사라면 제로베이스에서 팬을 만들어나가는 것보다 좋은 방법이 있습니다. 미리 팬 베이스 토대를 만들어두는 것입니다. 이는 '기업의 팬'을 만드는 시책을 꾸준히 시행하면 됩니다. 이렇게 하면 다음에 출시될 신상품과 그 다음에 출시될 신상품에도 영향을 줍니다.

또는 이미 기업의 팬이 어느 정도 확보된 경우(기업의 팬 커뮤니티가 있거나 호감을 자산화한 경우)라면, 팬은 그 신상품을 기꺼이 받아들일 것입니다. 먼저 그들에게 신상품을 보여주면 어떨까요. 그러면 팬들이 기뻐하며 주변 사람들에게 유기적 추천을 할 것이고 새 팬을 만들어줄 것입니다.

이것은 모두 다음에 나올 (3)의 패턴에 해당합니다. 바로 팬을 토대로 단기·단발성 시책을 시행해나가는 방법입니다.

중장기 팬 베이스 시책을 중심으로
단기·단발성 시책을 병행한다

미리 팬 베이스 시책을 시행해둔다

여러 가지 의미에서 가장 효과적인 것은 바로 (3)입니다.

그 상품이 출시된 지 어느 정도 되었고 지금도 계속 출시되는 상황이라면 팬은 무조건 존재합니다. 우선은 그 팬의 마음이 떠나지 않게 붙잡아 LTV를 높이는 시책을 지속적으로 시행해야 합니다. 그리고 거기에 단기·단발성 시책을 더하여 시너지 효과를 노리는 것이 바로 이 챕터의 내용입니다.

[도표 25]는 이미 팬에게 공감·애착·신뢰가 있는 상황에서 '단기 캠페인 시책'을 시행한 상태를 나타냅니다.

팬은 정보와 엔터테인먼트가 과도하게 넘쳐나는 상황에서도 자신

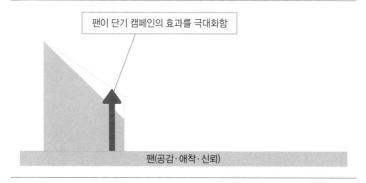

[도표 25] 이미 팬이 있는 상태에서의 단기 캠페인 효과

팬이 단기 캠페인의 효과를 극대화함

팬(공감·애착·신뢰)

이 지지하는 브랜드나 상품과 관련된 캠페인에는 주목합니다. 그것이 그들이 지지하는 가치와 어긋나면 역효과가 나겠지만(그렇기 때문에 경청이 필요함), 제대로 포커스를 맞춘 경우에는 기뻐합니다. 그리고 이를 계기로 취향이 비슷한 주변 사람들에게 유기적 추천을 하게 되는데, 코어 팬이라면 취향이 비슷하지 않은 사람에게도 적극적으로 추천할 것입니다. 즉, 팬이 캠페인의 효과를 더욱 극대화시킨다고 할 수 있죠.

기존의 캠페인은 신규고객을 대상으로 하는 경우가 많았는데, 미리 팬 베이스 시책을 시행한 뒤 팬의 공감·애착·신뢰를 얻어두면 팬을 통한 유기적 도달에 큰 도움이 될 것입니다.

캠페인 효과가 커지면 입덕의 경계선에 선 사람과
팬도 증가한다

[도표 26]은 다소 복잡하지만 [도표 25]의 다음 상태를 나타낸 것입니다.

팬들의 유기적 추천으로 캠페인 효과가 커지면(도표 25) 그에 따라 '입덕의 경계선'에 선 사람이 증가하는데, 그 사람들 중 일부가 공감·애착·신뢰 전략을 통해 팬이 되어가는 과정을 볼 수 있습니다.

[도표 24]와의 차이는 캠페인의 효과에 있습니다. 팬 베이스 시책으로 팬의 활동이 활성화된 상태인지 아닌지에 따라 캠페인의 효과가 달라집니다. 팬이 그 캠페인을 접하게 되면서 LTV가 상승하거나 주변 사

[도표 26] 이미 팬이 있는 상태에서의 단기 캠페인 효과

팬이 단기 캠페인의 효과를 극대화함

단기 캠페인의 효과가 상승하고
팬 베이스 시책이 더해져
입덕의 경계선에 선 사람이 증가함

입덕의 경계선에 선 사람을
팬으로 만들어 다음 단계로

입덕의 경계선에 선 사람이 증가함 ➡ 일부를 팬으로

팬(공감·애착·신뢰)

람들에게 유기적 추천을 하기 때문입니다.

또 [도표 27]처럼 코어팬까지 있는 경우라면 그 효과는 더욱 커질 겁니다. 이 도표는 [도표 26]과의 차이를 꽤 과장되게 그린 것인데, 코어팬은 팬보다 훨씬 적극적으로 널리 유기적 추천을 하는 '가족'과 같은 존재이기 때문에 캠페인의 효과는 한층 커지는 것을 보여줍니다.

그리고 이를 연속적으로 그리면 [도표 28]과 같이 됩니다.

캠페인과 중장기 팬 베이스 시책이 서로 영향을 주고받는 가운데, 팬뿐 아니라 코어팬도 늘어납니다. 그것이 다시 캠페인에 긍정적인 영향을 주어 시너지 효과를 일으킵니다.

또 각 도표에서는 이해하기 쉽도록 효과 부분을 과장하여 크게 그

[도표 27] 이미 팬이 있는 상태에서의 단기 캠페인 효과

코어팬과 팬이
단기 캠페인 효과를 더욱 극대화함

단기 캠페인의 효과가 상승하고
팬 베이스 시책이 더해져
입덕의 경계선에 선 사람이 더욱 증가함

입덕의 경계선에 선 사람을
팬과 코어팬으로 만들어 다음 단계로

새로이 입덕의 경계선에
선 사람 ➡ 일부를 팬으로

코어팬(열광·유일·응원)
팬(공감·애착·신뢰) ➡ 일부를 코어팬으로

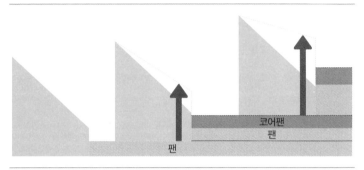

렸지만, 실제로 팬과 코어팬은 소수에 불과하여 효과 자체는 미미하게 늘어날 것입니다.

하지만 일단 팬이 된 사람은 그 상품뿐 아니라 기업의 다른 제품에도 공감, 애착, 신뢰를 보냅니다. 즉, 크로스셀링과 업셀링도 가능해진다는 거죠. 이렇듯 기업과 브랜드에 다양한 효과를 가져올 것입니다.

효과지표로서 적합한 NPS

자, 지금까지 통합구축의 기본적인 개념을 살펴보았습니다.

제5장 마지막에서는 사례를 하나 다룰 텐데, 그 전에 잠시 광고효과지표에 대해 알아보고자 합니다.

기존 광고 캠페인의 효과지표는 도표에서 봤을 때 사다리꼴 부분의 효과를 측정하는 것이 대부분이었습니다. 즉, 단기·단발성 시책의 효과이지요. 대개 도달률과 인지도를 측정한 것입니다.

무조건 도달률과 인지도를 높이려는 것이 잘못된 방법은 아닙니다. 그런 식으로 하여 매출이 상승한 경우도 있지요. 다만, 너무 거기에 치우치다보면 제3장에서 썼듯이 '신뢰'를 해치고 결국 브랜드 가치마저 훼손하는 경우가 생깁니다.

단기·단발성 시책과 중장기 팬 베이스 시책을 조합한 통합구축의 효과를 측정하려면, 단기·단발성 시책의 효과를 측정하는 것만으로는 소용이 없습니다. 예를 들어, [도표 28]과 같이 '중장기적인 축적'을 어떻게 측정할지 생각해야 합니다.

그러한 의미에서, 현 시점에서 가장 좋은 지표는 NPS입니다. NPS란 Net Promoter Score의 약자로, 순 추천고객 지수를 의미합니다.

위키피디아에서 NPS를 검색하면 다음과 같은 내용이 나옵니다.

> 고객 충성도, 고객의 지속적인 이용 의향을 알기 위한 지표. '고객 추천도'와 '순 추천자 비율'로 번역되는 경우도 있다. (중략)
> 해외에서는 특히 애플, 아마존, 구글, 페이스북 등과 같이 고객지향적인 기업에서 지표로 삼는 경우가 많은데, 미국 경제전문지 포춘지Fortune가 선정한 500대 기업 중, 약 30%가 이미 NPS를 경영지표로 삼고 있다.

'웹 담당자 포럼'의 기사[18]에서는 NPS를 "고객의 충성도를 파악하기 위해 '기업이나 브랜드에 대해 갖는 애착과 신뢰의 정도'를 수치화하는

지표"라고 정의하고 있습니다. 그야말로 팬 베이스에 부합하는 지표입니다. 그리고 이 기사의 내용처럼, 매출과의 상관관계가 높은 것도 특징이지요.

[도표 29]를 보면 알겠지만, NPS는 매우 간단한 방법으로 측정할수 있습니다. '이 상품을(기업을/서비스를) 친구에게 적극 추천하시겠습니까?'라는 질문만 던지면 됩니다. 그리고 0~10점을 11단계로 나누어 답변하도록 합니다.

9~10점: 추천자

7~8점: 중립자(추천도 비판도 하지 않음)

0~6점: 비판자

[도표 29] 고객을 대상으로 NPS 측정하기

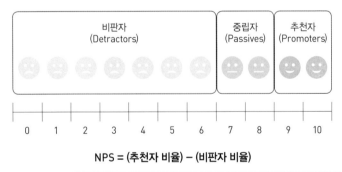

이 상품을(기업을/서비스를) 친구에게 적극 추천하시겠습니까?

NPS = (추천자 비율) − (비판자 비율)

'추천자 비율'에서 '비판자 비율'을 뺀 것이 바로 '점수Score'입니다.

NPS를 정기적으로 측정하면 '통합구축'이 어떠한 효과를 가져다주는지 추적할 수 있습니다(단, 팬 베이스 시책은 효과가 나타나기까지 시간이 걸리므로, 초기에는 인내가 필요합니다).

또한 정기적으로 NPS를 측정할 때 자유 응답란에 '왜 그런 평가를 내렸는지 그 이유를 적어주세요' 등과 같은 몇 가지 질문을 넣음으로써, 추천하는 사람이 어떤 이유로 그 상품을 선택했는지 정성적 요인을 파악할 수 있습니다. NPS에 설문조사 결과와 자사 홈페이지 접속로그를 연관시키면, 추천자가 인터넷에서 무의식적으로 한 행동이 낱낱이 드러납니다.[19]

게다가 자유 응답란에 쓴 글과 행동을 바탕으로 '추천자의 페르소나*'를 설정하면, 그들을 타깃으로 하는 시책을 좀 더 명확히 구축할 수 있습니다. 실제로 추천자의 페르소나에 맞춰 시책을 시행하여 NPS가 지속적으로 상승한 사례도 있습니다.

팬의 동향과 좀 더 가까운 효과지표 '열광지수'

참고로 NPS에서 '비판자'가 많은 경우에도 팬 베이스 측면에서는

• **페르소나(Persona)**란 그 상품에 있어서 가장 중요하고 상징적인 이용자 모델을 말합니다. 이름, 나이, 성별, 직업, 연봉, 가족관계 등 꽤 구체적으로 설정하는 경우가 많습니다.

별로 신경 쓸 필요가 없습니다. 왜냐하면 20% 정도인 팬의 동향·경향을 좇는 것과 '비판자'가 많고 적음은 그다지 관련이 없기 때문입니다.

특정 열성팬들에게 뜨거운 사랑을 받는 상품은 적도 그만큼 많은 법입니다. 팬 베이스는 소수의 팬을 중시하기 때문에 추천자 비율에서 비판자 비율을 뺀 나머지 '9~10점을 주는 추천자의 추이와 행동'을 주의 깊게 관찰하는 편이 좋습니다. 모두에게 사랑받길 원한다면 NPS의 비판자 추이가 신경 쓰일 테지만, 그보다는 20%의 팬에게 더 주의를 기울이길 바랍니다.

그러한 관점에서, 좀 더 팬의 동향과 가까운 효과지표도 있습니다. 마케팅 디자인 회사인 트라이벌 미디어 하우스Tribal Media House가 집계하는 '열광지수'입니다.

열광지수란 NPS와 함께 다음과 같은 질문을 통해 '열광하는 정도'를 측정한 것입니다.

> **Q. 당신에게 ○○○(브랜드명)은 어떤 '존재'인가?**
>   1. 별 생각 없다
>   2. 나쁘지 않다고 생각한다(적당히 만족)
>   3. 좋아한다
>   4. 애착을 느낀다(행복을 느낌)
>   5. 푹 빠졌다(홀딱 반함)

이 설문조사의 결과와 NPS를 가로축과 세로축으로 배열해 정리한 기사가 있습니다.[20] 담당자에 의하면 NPS의 '추천자' 중에서도 '열광지수 5와 4에 체크한 고객'과 '열광지수 3에 체크한 고객'은 연간 구매금

액과 추천 비율에서 큰 차이가 있다는 사실이 수많은 업계 조사를 통해 밝혀졌다고 합니다.

NPS의 '추천자' 중에서 팬심이 강한 사람을 특정하여 시책을 펼치기에 효과적인 조사이며, 매출과의 연관성을 추적하는 데에 도움이 되리라 생각합니다.

연구가 필요한 사례들

이상으로 통합구축의 세 가지 패턴과 그에 대한 효과지표에 대해서 살펴봤는데, 이 장에서는 굳이 사례를 들어 설명하지 않았습니다.

왜냐하면 사례는 다양한 요인(시대적 배경, 기업의 상황, 시장 상황 등)이 얽히고설켜 성립하는 것이며, (제3장과 제4장에서 여러 부분적 시책을 다룬 것처럼) 각 부분을 다룰 수는 있어도 수년이 걸리는 통합구축은 영향을 미치는 요인이 너무 많기 때문에 일반화하거나 보편화하기가 힘들기 때문입니다.

하지만 사례를 궁금해하는 사람도 많을 듯하여 몇 가지만 소개하려 합니다.

(1)의 사례로는 스타벅스와 스노우피크, 그리고 해외 기업인 자포스 등이 있습니다(중장기 팬 베이스 시책뿐 아니라 단발성 시책을 시행하기도 함). 소규모 기업의 성공사례도 비교적 많습니다. 팬만을 상대로 하기 때문에 시장에서는 눈에 띄지 않지만 파고들면 꽤 있지요. 명품 식초 후지

스￼로 유명한 이오양조, 타월을 제작·판매하는 이케우치 오가닉, 생산 공장이 독자적 브랜드를 런칭한 '팩토리에￼', 북유럽 제품을 파는 전자상거래 사이트 '호쿠오쿠라시'를 운영하는 '쿠라시컴', 료칸 '사토야마 주조' 등등 이 회사들이 취한 마케팅 전략과 그 정신 등은 꼭 다뤄보고 싶지만, 다음 기회를 기약하기로 하지요.

지역 내 활동으로는 도쿠시마 현￼ 가미야마 정￼의 사례가 팬 베이스로서 시사하는 바가 많습니다. 지역민들이 이십 몇 년에 걸쳐 지속적인 활동을 펼친 결과 사람이 사람을 불러, 이제는 이주민과 IT기업 위성 사무실이 꽤 많이 유입되었습니다. 단기적이고 자잘한 시책이 되기 십상인 지방행정의 선진 사례로는 매우 감동적입니다. 이 사례는 『가미야마 프로젝트라는 가능성￼』이라는 책으로도 소개되었습니다.

(2)의 훌륭한 선진 사례로는 제로베이스에서 팬을 만들어나간 AKB48를 들 수 있습니다. 대박을 터뜨린 후에도 팬 베이스를 꾸준히 지속하는 등 배울 점이 매우 많습니다.

(3)의 사례로는 네슬레재팬이 실시한 '네스카페 앰버서더'를 들 수 있습니다. '네스카페 앰버서더'의 통합구축 과정을 검색하여 연구해보길 바랍니다. 또한 앰버서더 프로그램을 중심으로 중장기 팬 베이스 시책을 탄탄하게 구축한 토대 위에서 단기·단발성 시책을 시행한 제5장 (3)의 모범사례라고도 할 수 있습니다.

그리고 팬이라는 토대를 확실하게 다진다는 의미에서, 총주주 가운데 99.5%를 개인주주로 두고 '주주라는 이름의 팬'과의 접점을 더욱 강화한 가고메의 중장기 시책도 매우 훌륭한 사례입니다. 실제로 '주주'라는 든든한 토대 위에 단기·단발성 시책을 얹은 것이죠. 이렇게 되면, 단기 캠페인으로 화제를 모을 필요도 없습니다. 팬들에게 확실하게 전달하면 LTV 상승을 기대할 수 있고, 팬들이 새 팬을 만들어줄 것이니 말이에요.

그 외에 제3장과 제4장에서 언급한 기업은 우수한 팬 베이스 사례이므로, 거기에 단기·단발성 시책을 어떻게 접목했는지를 살펴보며 통합구축을 연구하는 방법도 있습니다. 마쓰다자동차, 히로시마 도요카프, 가루비 등을 연구해보면 매우 흥미로울 겁니다.

제6장

즐겁게 팬 베이스를
만들어가려면

~~~~~~~

팬 베이스는 자칫 뜬구름 잡는 듯한 이상론처럼 들릴 수도 있지만, 실제로 상품의 가치를 지지하고 애용해주는 팬들을 미소 짓게 하는 것만큼 기쁘고 자랑스럽고 보람 있는 일은 없다고 생각한다. 팬 베이스 시책을 시행하다 보면 '기쁨'을 만끽할 수 있을 것이다.

팬을 미소 짓게 만드는 일

지금까지 광고와 선전은 늘 '방해물'이었습니다.

예를 들어, TV 드라마에 몰입한 시청자들의 눈앞에 맥락도 없이 갑자기 광고를 내보내고 자극성 강한 문구를 던짐으로써, 드라마에 대한 집중도를 흐트러뜨리고 상품명을 머릿속에 주입했죠. 또 열심히 신문의 정치면 기사를 읽다가 페이지를 넘겼더니 갑자기 자극성 강한 문구가 적힌 신문광고가 나올 때도 있었고요. 그러한 광고는 정치에 대한 진지한 생각을 방해하고 상품 정보를 머릿속에 주입합니다.

느긋하게 거리를 걸을 때도 마찬가지예요. 경치를 감상하며 거리를 걷고 있는데, 갑자기 빌딩 위 커다란 광고판이 눈에 확 들어와 경치를 즐기지 못하게 방해하곤 합니다.

　인터넷이나 SNS의 광고 패턴도 거의 동일합니다. 강한 임팩트를 주어 집중하지 못하게 '방해'하고, 사람들의 의식을 '광고의 탈을 쓴 기업의 일방적인 정보'로 향하게 만듭니다.

　팬 베이스라는 개념은 이와 크게 다릅니다. 왜냐하면 기업이나 브랜드, 상품의 팬은 그 정보를 '원하기' 때문입니다. 왜냐고요? 그들은 팬이니까요. 팬이기 때문에 원하는 것입니다.

　굳이 말하자면 방해형이라기보다는 '제공형'입니다. 방해하면서 강제적으로 광고를 보여주는 것이 아니라, 원하는 사람에게 정보를 제공한다는 느낌에 가깝습니다.

　그리고 그렇게 '제공'한 정보는 '미소'가 되어 돌아옵니다.

　우리가 만들고 사랑하는 상품, 그 상품의 가치를 지지하고 애용해주는 팬을 미소 짓게 하는 것만큼 기쁘고 자랑스럽고 보람 있는 일이 또 어디 있을까요?

　홍보 마케팅을 업으로 하는 사람들 입장에서도, 전달하려는 정보를 팬이 진심으로 원하며 미소로 받아들여준다면 그것만큼 즐겁고 설레는 일은 없을 것입니다. 이렇듯 팬 베이스 시책은 즐겁고 설레는 일입니다.

팬 베이스를 즐기자

팬 베이스는 자칫 '시간이 걸린다', '품이 든다', '도중에 그만두기 힘들다', '비효율적이다' 등의 부정적인 표현이 붙을 소지가 강합니다.

하지만 그것은 매스미디어를 이용해 대대적으로 내보냄으로써 홍보가 가능했던 방해형 방식을 기준으로 삼아 비교했기 때문입니다. 일단 기존의 방식을 모두 제외하고 제로베이스에서 생각한다면, 애용해주는 팬을 중시하는 팬 베이스는 긍정적 요소로 가득하다는 사실을 알게 될 겁니다.

> 시간이 걸리는 것이 아니라, 차분히 '시간을 들이고 싶은 것'이다.
> 품이 드는 것이 아니라,
> 진지하고 정성스럽게 '품을 들이고 싶은 것'이다.
> 도중에 그만두기 힘든 것이 아니라,
> 즐겁기 때문에 '그만두고 싶지 않은 것'이다.
> 비효율적인 것이 아니라,
> 가능한 한 오래도록 '함께하고 싶은 것'이다.

'팬을 중시하고, 팬을 미소 짓게 한다. 팬의 지지를 더욱 강화한다. 팬을 베이스로 하여 기획을 한다. 팬과 함께 매출을 늘려나간다. 팬과 함께 기업이나 브랜드, 상품의 가치를 높여나간다.'

이는 기본적으로 매우 즐거운 일입니다.

방해형 광고도 팬의 시선에서 다시 생각해보세요. TV 드라마에 대한 집중력을 흐트러뜨려도, 그 상품의 팬이라면 틀림없이 광고를 보며 좋아할 겁니다. 그리고 그 표현을 '신규고객을 상대로 한 임팩트 강한 방해'에서 '팬이 좀 더 기뻐할 만한 정보 제공'으로 바꾸기만 해도 팬들은 훨씬 좋아할 것입니다. 그러한 관점에서 기존의 시책을 하나하나 재검토하다 보면 기획의 방향성이 상당히 달라질 수 있습니다.

'즐긴다'는 측면에서 정리한
팬 베이스 실천 포인트

지금까지는 일부러 현실적이면서 기술적으로 쓰려 노력했습니다. 익숙한 방식은 아니지만, 가능한 한 '노하우'로 보일 수 있도록 하고 '매출'이나 '수치'와 관련지어 썼어요.

왜냐하면 기존의 관점에 입각하여 쓰게 되면, 팬 베이스는 뭔가 뜬구름 잡는 듯한 이상론처럼 비춰질 수 있기 때문입니다. 처음부터 '팬 베이스는 즐겁다'라고 썼다면 현실론자들은 이 책을 들춰보지도 않았을 것입니다.

하지만 실제로 팬 베이스는 정말 즐겁고 설레는 전략이라고 말씀드리고 싶습니다.

이 장에서는 '즐거운 팬 베이스'라는 관점에서 팬 베이스 시책을 실행할 때의 포인트를 정리해보고자 합니다.

❶ 소소한 시작을 즐겨라

팬 베이스 시책의 출발점은 팬의 말을 '경청'하는 것이지만, 경청을 위한 팬 미팅에 거액의 예산을 쓸 필요는 없습니다.

제3장에서도 살짝 언급했듯이 회사 내에서 해도 됩니다. 우선은 가벼운 마음으로 소소하게 시작하는 거죠. 천 리 길도 한 걸음부터입니다. 그 상품을 편애하는 직원을 수소문해서 최대한 그들의 의견을 들어보는 것도 좋은 방법입니다.

직원도 고객이기 때문입니다. 고객의 시선에서 편애하는 포인트를 말해줄 것이 틀림없습니다. '사내 팬 미팅'은 매우 즐거운 체험이 될 테고, 사내에는 네트워크가 형성될 것입니다. 이 네트워크는 즐겁기만 한 것이 아니라 나중에 큰 도움이 됩니다. 사내 팬이 그 체험을 주변에 알림으로써, 새로운 사내 팬을 만들어주기 때문입니다. 그렇게 되면 프로젝트 협력자도 늘어날 것입니다.

그때 시책의 통합구축을 미리 생각해두면 좋습니다. 앞으로 팬 베이스 시책을 시행하면서 연계해야 할 타 부서 사람들을 아예 처음부터 끌어들인다면, 동료가 확산되는 속도부터가 달라질 겁니다. 또한 결재 담당자가 참여하게 되면 일이 빨리 진행되겠죠. 그들이 브랜드나 상품의 팬이 아니라면 제조 현장 등을 견학하게 하는 것만으로도 충분합니다. 결재 담당자는 기본적으로 스마트한 사람입니다. 팬 베이스 시책의 의의가 무엇이고 지금 무얼 하려 하는지 제대로 설명한다면 기꺼이 견학에 응할 거예요.

회사 안이 아니라 회사 밖의 팬을 모으는 팬 미팅도 소소하게 손수

준비하여 시작하면 됩니다. 그때도 타 부서 직원들과 결재 담당자를 잊지 말고 끌어들입시다!

첫 팬 미팅이 예상과 달리 분위기가 좋지 않았다든가, 겨우 모은 동료 직원이 다른 업무로 바빠서 참석하지 못했다든가, 의지할 만한 핵심 인물이 부서 이동으로 인해 떠나버리는 등 여러 가지 문제가 발생할 수 있습니다. 하지만 기본적으로 주최자인 당신이 '즐겨야' 합니다. 이건 우리 브랜드를 사랑하는 사람들의 모임입니다. 비판자들도 함께하는 그룹 인터뷰가 아니라, 팬들로만 구성된 팬 미팅이죠. 아군뿐이라고 생각합시다. 당신의 설렘은 반드시 전해질 겁니다.

❷ 시간을 들이는 것을 즐겨라

'팬 베이스는 시간이 걸린다'라는 생각을 머리에서 지웁시다. 시간이 걸리는 것이 아니라, 즐거우니까 차분히 시간을 들이고 싶은 것입니다. 게다가 시간을 들이면 들일수록 팬들은 그에 보답하기 마련입니다.

『스타벅스 커피 한잔에 담긴 성공신화 Pour Your Heart Into It』에 이러한 인상 깊은 문장이 있습니다.

> 스타벅스의 성공은 브랜드의 인지도를 전국적으로 높이기 위해 수천만 달러의 홍보 프로그램이 사전에 요구되는 것이 아니며, 막대한 자금력도 필요 없음을 입증하였다. 한 번에 한 고객을, 한 스토어를, 한 시장에 브랜드를 구축할 수 있는 것이다. 사실, 그렇게 하는 것이 고객에게 충성심과 신뢰를 고취시키는 가장 좋은 방법일지도 모른다. 여러 해에 걸친

인내와 노력에서 비롯하여 입에서 입으로 전해지는 명성은 일정한 지역에 한정된 브랜드를 전국적인 인지도를 자랑하는 브랜드로 발전시킬 수 있다. 그리고 그와 동시에 한 사람 한 사람의 고객과 지역과의 인연도 깊어진다.

여기에는 '여러 해에 걸친 인내와 노력'이라고 쓰여 있지만, 기본적으로 팬에게 들이는 시간은 즐거운 시간입니다. 그도 그럴 것이, 고객이 먼저 웃으며 다가오는데 어찌 즐겁지 않을 수 있겠어요? 그러한 팬을 소중하게 여기고 즐겁게 어울리자는 뜻입니다. 그러다 보면 조금씩 실적이 좋아질 겁니다. 스타벅스처럼 대성공을 거두느냐 하는 것은 나중의 문제고, 팬과 어울리는 그 순간만큼은 일단 즐기는 겁니다.

❸ 팬으로 만드는 과정을 즐겨라

팬을 만들 때 서두르지 마세요.

쉽게 얻은 것은 쉽게 잃어버리는 법입니다. 천천히 조금씩 팬으로 만들어야 해요. 오랜 시간을 거쳐 팬이 된 사람은 결코 배신하지 않습니다. 반드시 보답으로 돌아온 겁니다.

이 책 첫 페이지에서 인용한 『어린왕자』의 한 구절은 어린왕자와 여우가 '인연을 맺는' 과정에 대한 내용입니다. 그 문장의 앞부분을 조금 더 인용하면 다음과 같습니다.

"아니, 난 친구를 찾고 있어. '길들인다'는 게 뭐야?"

어린왕자가 말했다.

"그건 사람들 사이에서 잊힌 것들인데……, '관계를 만든다'는 뜻이야."

"관계를 만든다고?"

"그래. 넌 나에게 아직은 다른 수많은 소년들과 다를 바 없는 사람이야. 그래서 난 네가 필요하지 않아. 나 또한 너에겐 평범한 한 마리 여우일 뿐이지. 하지만 네가 나를 길들인다면 우리는 서로 필요하게 될 거야. 너는 나에게 이 세상에 단 하나뿐인 존재가 되는 거고, 나도 너에게 세상에 하나뿐인 유일한 존재가 되는 거야……."

그리고 여우는 그 방법에 대해 이렇게 설명합니다.

"그럼, 어떻게 하면 되지?"

어린왕자가 물었다.

"인내심이 있어야 해. 처음에는 내게서 조금 떨어진 이 풀밭에 앉아 있어. 그러면 나는 너를 곁눈질로 가끔씩 쳐다볼 거야. 너는 아무 말도 하면 안 돼. 말은 오해의 근원이지. 그리고 넌 날마다 조금씩 더 가까이 앉으면 돼……."

이 문장을 읽고 '거 참, 번거롭네'라고 생각할 수도 있고, '멋진 방법이네!'라고 생각할 수도 있습니다. 저는 '멋지다'고 생각했어요.

회사는 당장 눈에 보이는 결과를 요구합니다. 그것은 당신을 피폐하게 만들지 모릅니다. 하지만 그래도 당신은 『어린왕자』처럼 '처음에는 조금 떨어진 풀밭에 앉고' 날마다 '조금씩 가까이 다가앉으면서' 관계를 다져야 합니다.

그 과정을 은밀히 즐기세요. 그러다 보면 숫자는 자연스레 따라올 것입니다.

❹ 단골을 맞이하는 것을 즐겨라

팬 베이스라고 하면 '팬과의 직접적인 교류'를 떠올리는 사람이 많은 데, 제5장까지 수차례 언급했듯이 팬과 직접적으로 교류하기 전에 해야 할 일이 산더미처럼 많습니다.

단골의 예를 든다면, 가게에서 단골과 카운터를 사이에 두고 대화를 나누거나 폐점 후 함께 놀러 가기 전에, 우선 '단골이 지지하는 가치가 무엇인지 확인하여 그에 맞도록 인테리어, 분위기, 메뉴 등을 정비한 뒤 단골을 따뜻하게 맞이하는' 것이 중요합니다.

팬 베이스란 그러한 '환경 정비'가 핵심입니다.

주변을 돌아보면 '손님을 맞이하기 위해 환경을 제대로 잘 정비하는 사람'이 분명 있을 것입니다. 그는 언뜻 보면 낯을 가리는 것 같아 보여도, 배려심이 있고 입장 바꿔 생각할 줄 아는 사람입니다. 그곳에서 보내는 시간이 즐거울 수 있게, 보이지 않는 곳에서 부지런히 움직이는 사람이죠.

사실 친화력이 좋고 사교성이 있는 사람보다 그런 사람이 훨씬 더 팬 베이스 시책과 잘 맞습니다. 굳이 말하자면, 사냥꾼 유형보다는 농부 유형에 가깝죠. 물을 주거나 비료를 뿌려 성실하게 환경을 정비해놓고

농작물을 재배하는 사람 말이에요. 농부 유형의 사람은 자연의 소리에 귀 기울일 줄 아는 사람입니다. 즉, '경청'의 중요성을 본능적으로 알고 있는 사람이죠. 그는 대화를 할 때도 자기 이야기보다 상대방의 이야기에 귀를 기울입니다.

❺ 소수의 팬과 함께 즐거워하라

오랫동안 대중(매스)이라는 거대한 그룹을 타깃으로 삼은 탓에, 기업의 직원들이나 기획자, 마케터 역시 '팬은 소수'라는 점을 잊어버리고 경시하기 쉽습니다. 그들은 대중이 좋아해야 즐겁고, 화제를 모아야 기쁘다고 생각하죠. '소수의 팬을 미소 짓게 하는 즐거움'을 이해하려조차 하지 않습니다.

저는 이건 그저 별개의 즐거움이라 생각합니다.

많은 사람이 모이는 파티에서 떠들썩하게 놀기를 좋아하는 파티 애호가도 연인, 친구, 가족 등과 같은 친밀한 사람들과 함께 시간을 보내는 것을 좋아합니다. 많은 사람과 가볍게 어울리는 것도 좋지만, 몇 안 되는 사람과 친밀하게 어울리는 것 또한 좋아하는 거죠.

팬 베이스는 후자의 방법입니다. 처음부터 즐기는 방식이 다르다고 생각하면 됩니다. 비교 자체가 불가능한 별개의 것이죠.

팬을 대접하거나 팬의 참여를 유도할 때, 많은 인원을 모아 전자처럼 할 필요는 없습니다. 상품의 가치를 중시하는 당신과 그 가치를 지지하는 그들의 '친밀한 만남'이 중요합니다.

다만 친밀하게 되는 전제로 '상품에 대한 당신의 팬심'이 얼마나 큰

지가 매우 중요하므로 주의하길 바랍니다. 당신의 팬심이 강하지 않다면, 소수의 팬들과 어울렸을 때 결코 즐겁지 않을 것입니다.

❻ 커뮤니티 운영을 즐겨라

방해형 방식을 고집하는 사람이 가장 싫어하는 방법이 바로 '도중에 그만두기 힘든 커뮤니티 운영'입니다.

이 방법과 잘 맞는 사람이 있고, 잘 맞지 않는 사람이 있어요. 자극적으로 화제를 모으는 것이 특기인 사람이라면, 정성을 다해 꾸준히 운영해야 하는 커뮤니티는 적합하지 않습니다. 광고업계는 오랫동안 그런 사람들을 채용해왔습니다. 그러니 커뮤니티 운영을 꺼리는 사람이 많을 수밖에 없지요.

보통 대부분의 사람은 커뮤니티 운영 경험이 없습니다. 경험자가 너무 적은 겁니다.

그것은 바꿔 말하면 초보자뿐이라는 이야기입니다. 즉, '이것저것 시도하여 실패해도 창피할 이유가 없다'는 의미입니다. 그러니 팬 커뮤니티를 운영할 때 겪게 되는 여러 시행착오는 부끄러워할 필요가 없습니다. 가르쳐주는 사람이 거의 없기 때문이에요. 시도하든 실패하든 일단 즐기고 봅시다.

그리고 그렇게 얻은 경험치는 매우 귀중한 자산이 될 것입니다. 순식간에 커뮤니티 운영의 1인자가 될 수 있습니다. 그러니 일단 많은 경험을 쌓아보세요. 그리고 다양한 실패를 즐기세요. 그것은 돈 주고도 살 수 없는 배움의 과정입니다.

❼ 뜬구름 잡는 듯한 느낌을 즐겨라

실제로 팬 베이스 시책을 시행하다 보면, 왠지 마더 테레사가 된 듯한 기분이 드는 경우가 많습니다. 대중(매스)이 아니라 개개인을 상대하는 만큼 별의별 일이 다 발생하기 때문입니다.

또 상사로부터 실적에 미친 영향이 무엇이냐고 추궁을 당하거나 매일같이 실제적인 숫자를 접하다 보면, 팬 베이스가 그저 뜬구름 잡는 그럴 듯한 이야기 같아서 허무해지는 날도 있을 것입니다(실제로는 매출과 직결되지만 말이죠).

하지만 저는 당신이 지금 '인생에서 소중한 것이 무엇인가?'라는 질문을 받은 것이라 생각합니다. 무엇 때문에 회사를 다니고, 무엇 때문에 일을 하며, 무엇 때문에 사람들에게 그 상품을 팔고 있는지에 대해서 말입니다.

그래서 이 책의 마지막은 마더 테레사의 명언을 인용하여 맺고자 합니다. 팬 베이스 시책을 시행할 때의 마음가짐이라고나 할까요. 당신과 비슷한 고민을 안고 있는 사람이 보내는 '응원의 말'이라 생각해주면 좋겠습니다.

사람들은 불합리하고 비논리적이며 자기중심적이다.
그래도 사랑하라.
네가 친절하면 숨은 의도가 있다고 비난할 것이다.
그래도 친절을 베풀어라.
네가 오랫동안 이룩한 것을 누군가 하룻밤 사이에 무너뜨릴 수 있다.

그래도 무언가 이룩하라.

네가 오늘 행한 선을 사람들은 내일 잊어버릴 것이다.

그래도 선을 행하라.

네가 정직하고 성실하면 불이익을 당할 수 있다.

그래도 정직하고 성실하라.

필요한 사람에게 도움을 주고도 공격을 받을 수 있다.

그래도 도움을 주어라.

네가 가진 최상의 것을 세상에 내주고도 걷어차일 수 있다.

그래도 네가 가진 최상의 것을 내주어라.

우리의 연결이 깊어질수록 행복이 커집니다

'테드TED'라는 세계적으로 유명한 강연이 있습니다. 2015년 11월에 정신과 의사인 로버트 월딩거 교수가 한 연구결과를 강연에서 발표했는데, 그 내용을 한마디로 요약하면 '인생을 행복하게 만드는 것도, 사람을 건강하게 만드는 것도 모두 인간관계'라는 것이었습니다. 강연 내용을 한번 볼까요.

75년에 걸친 연구를 통해 확실히 알게 된 것은, 우리를 건강하고 행복하게 만드는 요인이 부도 명예도 커리어도 아닌 좋은 인간관계라는 사실이었습니다.

전 인간관계에 관하여 세 가지 큰 교훈을 얻을 수 있었습니다.

첫째, 주변 사람들과의 관계가 원만하면 건강에 큰 도움이 된다는 것입니다. 가족·친구·공동체와 많은 관계를 맺은 사람일수록 행복함을 느끼고, 신체적으로도 건강하며 관계를 적게 맺은 사람보다 오래 산다는 사실이 밝혀졌습니다.

둘째, 50세에 가장 행복한 인간관계를 맺은 사람이 80세가 되었을 때 가장 건강했다고 합니다.

셋째, 좋은 관계는 신체적 건강뿐 아니라 두뇌도 건강하게 지켜줍니다. 75년에 걸친 연구를 통해 정년퇴직 후 가장 행복한 사람은 직장 동료를 대신할 새로운 친구를 스스로 만든 사람들입니다.

이 연구에 참가한 사람들 중 대부분이 청년기 시절에 '좋은 인생에 필요한 요소는 명예와 부와 커리어뿐'이라고 생각했지만, 우리가 실시한 75년간의 연구에서 반복적으로 드러난 사실은 '가장 행복한 삶을 산 사람은 인간관계를 중시한 사람들'이라는 것이었습니다. 그것은 가족이 될 수도 있고, 친구가 될 수도 있고, 공동체가 될 수도 있겠지요. 실로 다양합니다.

이러한 '(인간)관계'와 팬 베이스를 단선적으로 연결 짓지는 않겠습니다. 그러나 '기업과 팬의 관계'가 행복이나 건강과 직결된 것이라면 정말 멋진 일이지 않을까요?

기업의 본업은 사람들의 니즈를 해결하여 미소 짓게 하는 것이며, 그것을 날마다 실천에 옮기는 기업 활동은 그 자체가 사회공헌이라고 서두에서도 이야기한 바 있습니다. 팬 베이스를 통해 맺는 '관계'가 그러한 사회공헌을 하나 더 늘리는 셈이라면, 정말 멋진 일이 아닐까 싶습니다.

'관계'라고 하니 말인데, 저는 '4th'라는 커뮤니티를 만들어 2년 반 동안 열심히 운영하고 있습니다. 4th란, 글자 그대로 '네 번째'를 의미합니다. 함께 사는 동료인 '가족', 함께 노는 동료인 '친구', 함께 일하는 동료인 '직장동료'에 이은 '네 번째 동료'라는 의미입니다.

제가 주관하는 광고 커뮤니케이션 연구회인 '사토나오 오픈 랩'의 졸업생들이 주축을 이루는데, 랩의 기수(현재는 9기)가 늘어나면서 지금은 350명에 육박합니다. 하지만 인원이 늘어난다고 해서 관계성이 약해진다고 생각한 적은 없습니다. 오히려 탄탄한 유대관계가 계속 늘어나는 느낌이지요.

이 책은 '사토나오 오픈 랩'과 '4th'가 함께 연구한 결과물입니다.

22세부터 58세까지, 직업도 직종도 제각각인 멤버들과 날마다 머리를 맞대고 서로 자극을 주고받으면서 정리한 내용을 쓴 것입니다. '사토나오 오픈 랩'과 '4th' 멤버들에게 진심으로 감사의 말을 전합니다. 이 책은 모두와 '함께 쓴 책'이라고 생각합니다.

이 책은 '팬 베이스'라는 개념을 제안합니다.

팬 베이스라는 개념 자체는 앞으로 나날이 진화를 거듭할 것이라 생각합니다. 저 역시 시행착오를 겪는 중이거든요. 그렇기 때문에 제가 해줄 수 있는 일은 함께 시행착오를 겪는 것뿐이겠지만, 만약 저와 함께 팬들을 위해 무언가 하고 싶고 또 그와 관련해 이야기하고 싶다면 제 메일(satonao310@gmail.com)로 연락주시길 바랍니다.

지금까지 이 책을 읽어준 독자 여러분께 감사하다는 말을 전하고 싶습니다.

또 마지막으로 1년이 넘는 기간 동안 인내심과 자제심을 발휘해준 지쿠마쇼보의 하네다 마사미 씨에게도 감사의 말을 전하는 바입니다.

일상적인 업무에서 도저히 해결점이 보이지 않아 고민일 때, 이 책의 내용이 조금이라도 도움 되길 바랍니다.

사토 나오유키

미주

＊ 지쿠마쇼보 홈페이지(http://www.chikumashobo.co.jp/special/fanbase)에 가면 아래 자료가
   링크된 리스트가 있습니다. 링크를 클릭하면 해당 내용을 볼 수 있으니 참고하길 바랍니다(이는
   2018년 1월 기준 정보로, 링크가 변경 및 삭제되었을 가능성이 있음).

1 홋타 오사무, 〈초고관여 소비 마케팅 임팩트〉
   http://www.yhmf.jp/pdf/activity/adstudies/vol_51_01_03.pdf
2 가고메의 상위 2.5%의 고객들의 커뮤니티 '&KAGOME', 코어팬을 위한 서비스로 주 고객의 이
   탈현상 방지
   https://business.nikkeibp.co.jp/atcldmg/15/132287/082500041/
3 '라이프타임 밸류'란 한 명의 고객이 생애에 걸쳐 기업에 기여하는 총 가치
   https://www.advertimes.com/20141222/article178465/
4 소니 DSLR '알파(α)'를 통해 배우다 − 구매 후 마케팅을 중시해야 하는 이유
   https://www.sbbit.jp/article/cont1/30229
5 고객에게 사랑받는 가루비의 클레임 대응법
   https://bizgate.nikkei.co.jp/article/DGXMZO31103030029052018000000
6 99.5%가 개인주주, 가고메에게 배우는 팬 주주 육성법
   http://mag.sendenkaigi.com/kouhou/201311/cat597/000686.php
7 팬에게는 상품을 팔지 말라?! AWS마케팅 담당자가 말하는 최강의 커뮤니티 운영기술
   https://logmi.jp/21744
8 스티브 잡스가 애플 사내에서 'Think Different'에 대하여 직원들에게 한 말
   http://web-academia.org/it_business_theme/1181/
9 'Think Different' 광고 영상
   https://www.youtube.com/watch?v=W5GnNx9Uz-8
10 히로시마 팬이 점점 늘어가는 이유 − 독특한 시책의 시작은 '감사의 마음'

https://sports.yahoo.co.jp/column/detail/201407090001-spnavi

히로시마 도요카프의 흑자 경영

https://www.tkc.jp/cc/senkei/201407_special02

11 팬의 열광은 직원의 열광에서부터! '구렁텅이'에서 빠져나오는 요호 브루잉의 조직 편성

http://seleck.cc/966

12 요호 브루잉 사장 이와테 나오유키, '매출로 이어지지 않는 시책이 팬을 만든다'

http://www.nhk.or.jp/keizai/archives/20170603_10.html

13 팬과 1년간 상품을 개발하다, 가루비 '가자! 쟈카리코' 10주년

https://www.advertimes.com/20170705/article254092/

14 'B with C'를 추구하는 스노우피크 야마이 사장

https://business.nikkeibp.co.jp/atcl/report/16/040400128/070700007/

15 '100명의 고객보다 1명의 열성팬!' 덴카노야마구치가 영업직의 담당 가구 수를 크게 줄인 이유

https://business.nikkeibp.co.jp/atcl/report/15/244460/092600026/

16 이온의 '수치목표 없는 개혁'에서 드러나는 진정성

https://toyokeizai.net/articles/-/168814

17 '스타벅스는 왜 할인과 TV광고를 하지 않는가?' 전 CEO에게 묻는 강력한 브랜드파워 구축 전략

http://biz-journal.jp/2013/10/post_3098.html

18 'NPS'는 고객만족도조사와 무엇이 다른가? NPS는 실적과 직결되는 지표

https://webtan.impress.co.jp/e/2017/03/08/24303

19 'NPS'로 인해 'KPI'가 바뀌었다?! 디지털 커뮤니케이션 이노베이션을 목표로 하는 ㈜라이온의 온드 미디어 전략을 묻다

https://smmlab.jp/?p=43794

20 2017 열광하는 브랜드 조사

http://www.tribalmedia.co.jp/wp/wp-content/uploads/brandresearch2017.pdf

옮긴이 | 김현정

이화여자대학교에서 법학을 전공하고 동 대학교 통번역대학원에서 한일통역학 석사 학위를 받았다. 그 후 동북 아연합(NEAR)에서 일본전문위원으로 근무하다가, 과감히 사표를 던지고 현재 바른번역 소속 번역가로 활동 중이다. 좋은 책을 한 권이라도 더 소개하고 싶다는 마음으로 출판기획 및 번역을 진행하고 있다. 역서로는 『문질 러서 빠지지 않는 살은 없다』, 『기적의 장 스트레칭』 등이 있다.

지지받고, 사랑받고,
꾸준히 응원받는 회사를 만드는 방법

팬 베이스

1판 1쇄 발행 | 2018년 10월 1일
1판 2쇄 발행 | 2022년 2월 22일

지은이 사토 나오유키
옮긴이 김현정
펴낸이 김기옥

경제경영팀장 모민원 기획 편집 변호이, 김광현
커뮤니케이션 플래너 박진모
경영지원 고광현, 임민진
제작 김형식

디자인 제이알컴
인쇄 · 제본 민언프린텍

펴낸곳 한스미디어(한즈미디어(주))
주소 121-839 서울특별시 마포구 양화로 11길 13(서교동, 강원빌딩 5층)
전화 02-707-0337 | 팩스 02-707-0198 | 홈페이지 www.hansmedia.com
출판신고번호 제 313-2003-227호 | 신고일자 2003년 6월 25일

ISBN 979-11-6007-310-2 03320